GW00630968

Impaginazione: Assimil Italia

Illustrazione di copertina: Gavi

© Assimil Italia 2008   ISBN 978-88-86968-75-1

Edizione originale pubblicata in tedesco da Reise Know-How Verlag Peter Rump GmbH, Bielefeld, con il titolo **"Englisch Wort für Wort"**.   © Peter Rump

L'Inglese britannico in tasca

di
Doris Werner-Ulrich

Traduzione e adattamento in italiano di
Mario Altare

Illustrazioni: J.-L. Goussé

ASSIMIL
ITALIA   S.A.S.
C.P. 80 Chivasso Centro - 10034 Chivasso (TO)
Tel. 011.91.31.965 - Fax 011.91.31.996
www.assimil.it • info@assimil.it

LINGUE IN TASCA

Afrikaans
Albanese
Alsaziano
Alverniate
Arabo algerino
Arabo egiziano
Arabo marocchino (IT)
Arabo tunisino
Arabo dei paesi del Golfo
Basco
Brasiliano (IT)
Bretone
Brussellese
Cabilo
Caledone
Catalano (IT)
Ceco
Chtimi
Cinese (IT)
Coreano
Corso
Creolo (Capo Verde)
Creolo (Guadalupa)
Creolo (Guyana)
Creolo (Haiti)
Creolo (Martinica)
Creolo (Mauritius)
Creolo (Riunione)
Croato
Danese
Ebraico

Fiammingo
Finlandese
Francese (IT)
Francoprovenzale
Gallese
Georgiano
Geroglifico
Giapponese
Greco
Guascone
Indonesiano
Inglese britannico (IT)
Inglese internazionale (IT)
Inglese australiano
Irlandese
Islandese
Italiano
Lao
Lettone
Linguadociano
Lionese
Lituano
Lorense / Platt
Malgascio
Maltese
Marsigliese
Neerlandese (IT)
Norvegese
Piccardo
Piemontese (IT)
Polacco

Portoghese (IT)
Provenzale
Quebecchese
Romeno (IT)
Russo
Serbo
Slovacco
Sloveno
Spagnolo (IT)
Spagnolo d'Argentina
Spagnolo di Cuba
Spagnolo del Messico
Svedese
Svizzero alemannico
Tagalog
Tamil
Tedesco (IT)
Thai
Turco
Ungherese
Vallone
Vietnamita
Wolof (IT)

SENZA CENSURA

Americano (IT)
Brussellese
Fiammingo
Francese

Inglese (IT)
Spagnolo
Vallone

ITALIANO PER STRANIERI

Italiano per francofoni
Italiano per ispanofoni
Italiano per neerlandofoni

Italiano per polacchi
Italiano per ungheresi

(IT): disponibile su base italiana.

Assimil Evasioni
una ricetta differente

Gli ingredienti:

- un condensato di grammatica;
- un pizzico abbondante di conversazione;
- una sapiente spolverata di suggerimenti e amichevoli consigli sui costumi locali;
- un briciolo di humour per insaporire;
- un buon lessico bilingue e una bibliografia leggera;
- degli stuzzicanti risvolti di copertina per risvegliare l'appetito.

Non vi resta che sedervi a tavola con noi e gustare questo ottimo pasto, equilibrato e nutriente, che sarà certamente di vostro gradimento e da cui potrete trarre molteplici benefici: la fiducia e la gioia di comunicare realmente, diventando qualcosa di più di un semplice turista.

Questo manuale non ha la pretesa di sostituire un corso d'inglese, ma se impiegherete un po' di tempo nella lettura e nell'apprendimento di qualche frase inizierete a comunicare molto velocemente e potrete vivere esperienze nuove nelle più svariate situazioni.

Un consiglio: non cercate la perfezione! I vostri interlocutori perdoneranno volentieri i piccoli errori che potrete commettere inizialmente. Soprattutto, **lasciate da parte ogni esitazione e iniziate subito a parlare!**

CONVERSAZIONE

LESSICI

Qualunque sia il Paese in cui intendete recarvi, non ne avrete varcato davvero le frontiere se non dopo aver abbattuto, almeno in parte, quelle della lingua.
Per farlo, vi basterà capire un po' e farvi capire. Il nostro intento è di darvi una mano con questa guida, *L'Inglese britannico in tasca.*

Suggerendovi delle "parole d'ordine" per la maggior parte delle situazioni che vi toccherà affrontare nei vostri viaggi, metteremo a vostra disposizione un "passe-partout" indispensabile. Così, pur non arrivando a esprimervi in modo accademicamente perfetto, potrete entrare nel mondo anglofono con passo sicuro e in seguito avrete tutto il tempo, se vorrete, di approfondire le vostre conoscenze.

La "lingua di Shakespeare" è oggi la lingua per la comunicazione internazionale e il mondo anglofono si estende ben al di là delle frontiere della Gran Bretagna. Si stima che, da qui al 2050, la metà del pianeta sarà in grado di capire, se non di parlare, l'inglese in maniera più o meno efficace.

Tuttavia l'inglese costituisce anche e soprattutto una parte essenziale della cultura britannica, che potrete scoprire sia viaggiando all'interno del Paese che con l'aiuto di questo manuale di conversazione.

Ecco dunque una ragione in più per incominciare (o ricominciare rinfrescandovi la memoria). In pochissimo tempo, con un minimo di conoscenze grammaticali, di lessico utile e di informazioni sul Paese, diverrete degli ottimi conversatori cercando di mettere a loro agio le persone con cui verrete in contatto sforzandovi d'imparare la loro lingua: il vostro impegno sarà molto apprezzato e voi sarete ampiamente ricompensati con l'accoglienza, tanto più calorosa, che riceverete in cambio.

Non ci rimane che augurarvi buon viaggio e consigliarvi di tirar fuori di tasca il più possibile questa guida, che non a caso è un manuale tascabile: coglierete così tutte le occasioni per potervi esprimere!

Welcome! – Benvenuti!

MODO D'USO

La grammatica

Questa sezione si limita all'essenziale, coniugando il massimo della semplicità e del rigore. Abbiamo volutamente tralasciato certe particolarità grammaticali, le eccezioni e quelle sfumature che non è indispensabile conoscere.

Scorrete i vari paragrafi senza cercare di ricordarvi tutto e subito: potrete sempre tornare su determinati punti quando lo riterrete necessario, magari mentre affrontate il capitolo relativo alla conversazione.

La conversazione

La prima parte tratta gli argomenti che sono in genere più utili durante un viaggio in un paese straniero (orientarsi, spostarsi, andare in albergo, mangiare e bere…). La seconda parte è più specifica e riguarda le regioni della Gran Bretagna (il nord, il sud, la Scozia) e Londra. L'ultima parte, invece, vi fornirà informazioni utili per telefonare, inviare lettere o e-mail, andare dal dottore, ecc.

I lessici

Contengono, alla fine del libro, più di 2.000 parole con cui potrete far fronte a gran parte delle situazioni tipiche della vita quotidiana.

Come usare le frasi d'esempio

Nel corso della vostra lettura troverete molte frasi utili che potrete utilizzare pari pari o che vi serviranno come base per crearne delle altre, con termini differenti.

Nella prima riga, in grassetto, è riportata la **frase in inglese**.

Nella seconda ve ne forniamo la *pronuncia*.

Nella terza, in caratteri più piccoli, ne troverete la traduzione letterale (parola per parola), che vi permetterà di comprendere più agevolmente la costruzione delle frasi in inglese.

> **My name is Robert.**
> *mai neim iS robeët*
> mio nome è Robert
> Mi chiamo Robert.

A volte, per tradurre una parola dall'inglese, ne occorrono due se non di più in italiano. In questo caso le uniremo tramite uno o più trattini nella traduzione letterale:

Where's the nearest petrol station?
dov'è la più-vicina benzina stazione
Dov'è il distributore di benzina più vicino?

Quando un termine inglese ha più di un significato, le possibili traduzioni sono separate da una barra:

What's your name?
qual-è tuo / Suo nome
Come ti chiami / si chiama (Lei)?

I numeri

In questo libro i numeri delle pagine sono indicati in inglese per semplificarvi la vita almeno nelle questioni aritmetiche. Ricordatevene quando avrete bisogno di contare!

I risvolti di copertina

Vi permetteranno di ritrovare immediatamente alcuni elementi essenziali per capire e farvi capire in fretta, senza dover sfogliare la guida: le parole e le espressioni più utili, i numeri, una piccola tavola degli indici di conversione ecc. E se un giorno vi sentirete un po' in alto mare con le vostre capacità linguistiche (l'emozione, certamente!), potrete sempre ricorrere al paragrafo "Non avete capito? Eccovi un aiuto!", vero *non plus ultra* per quanto riguarda i fondamentali della comunicazione.

Abbreviazioni utilizzate in questa guida

f. = femminile   m. = maschile   n. = neutro   pl. = plurale

Talvolta, nella traduzione letterale, troverete l'indicazione "[aus. ...]" che segnala la presenza di un verbo ausiliare, necessario per formare alcuni tempi inglesi: in questi casi, infatti, la traduzione letterale di questi verbi complicherebbe la comprensione della frase anziché renderla più chiara.

LA PRONUNCIA E LA TRASCRIZIONE FONETICA

Alcune osservazioni preliminari

La trascrizione fonetica qui proposta ha lo scopo di aiutarvi a pronunciare bene l'inglese senza obbligarvi a imparare l'alfabeto fonetico internazionale. Si tratta di una trascrizione "all'italiana", in cui abbiamo utilizzato, per quanto possibile, le regole di pronuncia della nostra lingua. Tuttavia l'inglese, come tutti sanno, non si legge come l'italiano. Ecco perciò alcune osservazioni da tener presenti prima di cominciare:

• Anche se le parole inglesi sono generalmente più brevi di quelle italiane e contengono pertanto un numero minore di sillabe, spesso la posizione dell'accento tonico può dare adito a qualche dubbio. Ma non preoccupatevi: in questo manuale abbiamo sottolineato nella trascrizione fonetica le sillabe accentate:

movement
mu:vmënt
movimento

Come vedete, non sempre l'accento tonico cade dove ci aspetteremmo.

• Alcune vocali sono lunghe; in questo caso, nella trascrizione fonetica sono seguite dai due punti (" : "). Tenetene conto quando le pronunciate:

meat
mi:t
carne

Quando leggete la *i:*, metteteci il doppio del tempo che impiegate a pronunciare una "i" italiana.

• Sappiate inoltre che le vocali inglesi non sono pronunciate così nettamente come le nostre: questo perché i suoni vocalici sono più numerosi che in italiano e le sillabe su cui non cade l'accento tonico tendono a scomparire. Spesso, infatti, al posto delle vocali atone sentirete un suono simile a una "e" muta francese che nella trascrizione abbiamo indicato col simbolo ë. La presenza più o meno frequente di questo suono dipende dalla velocità con cui si parla, ma noi l'abbiamo indicato solo nei casi in cui viene sempre effettivamente pronunciato:

mustard	**radical**
mæstëd	_rædikël_
senape	radicale

• Purtroppo le vocali e i dittonghi non si leggono sempre allo stesso modo, come vedrete consultando la tabella qui a fianco, né si possono stabilire regole fisse in merito. Si può soltanto affermare che, in linea di massima, a una vocale corrisponde un certo suono quando si trova in una determinata posizione e "in compagnia" di determinate lettere: per esempio, la **a** si legge più o meno come la nostra "o" davanti alla consonante **l** doppia (**all** _O:l_, tutto), ma è sufficiente la presenza di un'altra vocale per far pronunciare questa **a** come una "e" muta francese: **hallo** _hëlou_, ciao. Il gruppo vocalico **oo**, invece, si pronuncia di norma come una "u" lunga (**food** _fu:d_, cibo, **mood** _mu:d_, umore, stato d'animo), ma guardate un po' cosa succede nel caso di **blood** _blad_, sangue: la "u" lunga diventa una normale "a"!

• Dunque bisogna concludere che in inglese la stessa lettera o lo stesso gruppo di lettere possono avere pronunce diverse. Le scoprirete a poco a poco con l'uso e, grazie alla nostra trascrizione fonetica, arriverete presto a padroneggiarle.

I suoni vocalici

Trascriz.	Pronuncia e spiegazione	Esempio e traduzione
æ	**a** molto aperta, molto vicina a una **e**	**bat** *bæt* pipistrello
a:	come la **a** di *anno*, ma un po' più lunga	**car** *ka:* auto
a	come una normale **a**	**brush** *brash* spazzola
ai	**a** accentata seguita da una **i**, come in *mai*	**life** *laif* vita
au	**a** accentata seguita da una **u**, come in *audio*	**mouse** *maus* topo
ë	come una "e" muta francese	**movement** *mu:vmënt* movimento
e	**e** come in *piede*	**wet** *uet* bagnato
eë	**e** seguita da una "e" muta francese (ma ben udibile)	**bear** *beë* orso
ei	**e** seguita da una **i**, come in *sei*	**day** *dei* giorno
ë:	come una "e" muta francese, ma più lunga	**to learn** *tu lë:n* imparare
i	come una normale **i**	**biscuit** *biskit* biscotto
i:	come una **i**, ma un po' più lunga	**sea** *si:* mare
ië	**i** seguita da una **e** muta francese	**beer** *bië* birra
o	**o** aperta, come in *rosa*	**what** *uot* cosa, che
o:	**o** aperta e lunga	**wall** *uo:l* muro
ou	**o** seguita da una **u**	**soap** *soup* sapone
u	come in *muro*	**full** *ful* pieno
u:	come una **u**, ma un po' più lunga	**shoe** *shu:* scarpa
uë	**u** seguita da una **e** muta francese	**poor** *puë* povero
y	come in *yo-yo*	**you** *yu* tu, Lei, voi

I suoni consonantici

Trascriz.	Pronuncia e spiegazione	Esempio e traduzione
b	come in *bello*	**baby** *beibi* bambino
c / c'	come in *ciao*	**each** *i:c'* ogni **chess** *ces* scacchi
d	come in *dito*	**dear** *dië* caro
DH	come una **d** pronunciata con la lingua tra i denti	**this and that** *DHis ænd DHæt* questo e quello
f	come in *foglio*	**fish** *fish* pesce
g / gh	come in *gallo*	**garden** *ga:dën* giardino **guest** *ghest* invitato
g / g'	come in *gesso*	**page** *peig'* pagina; **joke** *giouk* scherzo
H	di norma è aspirata	**hot** *Hot* caldo
j	come la *j* francese	**pleasure** *plejë* piacere
k	come in *casa*;	**key** *ki:* chiave / **coin** *koin* moneta
ks	come in *xilofono*	**exercise** *eksëssaiz* esercizio
ksh	**c** di *casa* seguita dal gruppo **sh** di *shampoo*	**action** *ækshën* azione
l	come in *libro*	**lady** *leidi* signora
m	come in *mamma*	**moon** *mu:n* luna
n	come in *nido*	**name** *neim* nome
nᵍ	la stessa *n* presente nella parola *angoscia*	**to sing** *tu sinᵍ* cantare **wrong** *ronᵍ* sbagliato
p	come in *pila*	**park** *pa:k* parco
qu	come in *quadro*	**queen** *qui:n* regina
r	si pronuncia accostando la lingua al palato e curvandola leggermente all'indietro	**road** *roud* strada, via
s	**s** aspra come in *sordo* e in *cassa*;	**salad** *sælëd* insalata

S	mai come la **z** italiana: è la **s** dolce di *rosa*	**zero** *Sirou* zero
sh	come in *shampoo*	**shop** *shop* negozio
t	come in *tè*; la **t** inglese è in genere seguita da un piccolo soffio	**tea** *ti:* tè
TH	come una **t** pronunciata con la lingua tra i denti	**thick** *THik* spesso *(agg.)*
v	come in *vita*	**very** *veri* molto

L'ARTICOLO

Contrariamente a quanto avviene in italiano, l'articolo inglese è invariabile nel genere e nel numero, perciò il suo uso è semplicissimo. Per tutti i nomi (maschili, femminili e neutri) al singolare e al plurale, l'articolo determinativo è in ogni caso **the** *DHë*:

the boy	**the girl**	**the children**
DHë bôi	*DHë ghë:l*	*DHë cildren*
il ragazzo	la ragazza	i bambini

Quando la parola comincia per vocale, **the** si pronuncia *DHi* anziché *DHë*:

the apple
DHi: æpël
la mela

L'articolo indeterminativo è **a** *ë* quando il nome comincia per consonante:

a train
ë trein
un treno

Se il nome comincia per vocale, invece, l'articolo è **an** *æn*:

an opera
æn opëra
un'opera

IL NOME

Il genere

I nomi sono per la maggior parte neutri (**a train**, *un treno* / **a banana**, *una banana*). Alcuni sono femminili o maschili per loro natura (**a girl**, *una ragazza* / **a boy**, *un ragazzo*), altri hanno una forma al maschile e una al femminile, come ad esempio:

actor / actress	*æktë / æktres*	attore / attrice
waiter / waitress	*uEitë / uEitres*	cameriere / cameriera
prince / princess	*prins / prinses*	principe / principessa

Si può anche specificare il genere di alcuni nomi aggiungendo **girl / boy**, **woman / man**, **male / female** (che non hanno nessuna connotazione spregiativa in inglese):

girlfriend / boyfriend   **policewoman / policeman**
ghë:lfrend / boifrend   *pëli:suumën / pëli:smæn*
fidanzata / fidanzato   donna poliziotto / poliziotto

female student / male student
fi:meil stiudent / meil stiudent
studentessa / studente

La formazione del plurale

In genere il plurale dei nomi si forma aggiungendo una **-s** al singolare.

friend / friends	**book / books**	**boy / boys**
frend / frendS	*bu:k / bu:ks*	*boi / boiS*
amico / amici	libro / libri	ragazzo / ragazzi

Le parole che terminano in **-s**, **-sh**, **-ch** e **-x**, più alcune che finiscono per **-o**, formano il plurale in **-es** (la **e**, tranne nella combinazione -**oes**, si pronuncia come una **i** non troppo tesa):

bus / buses	**brush / brushes**
bas / basiS	*brash / brashiS*
autobus / autobus	spazzola / spazzole

watch / watches	**potato / potatoes**
uoc' / uociS	*poteitou / poteitouS*
orologio / orologi	patata / patate

I nomi che finiscono per **consonante + y** formano il plurale in **-ies**: **baby** *beibi* / **babies** *beibi:S*, bambino / bambini e quelli che finiscono in **-if** o **-fe** formano il plurale in **-ves**: **knife** *naif* / **knives** *naivS*, coltello / coltelli; **half** *Ha:f* / **halves** *Ha:vS*, metà / metà.

Attenti alle eccezioni!

child / children	**woman / women***	**man / men**
ciaild / cildren	*uumen / uimin*	*mæn / men*
bambino / bambini	donna / donne	uomo / uomini

* Notate che in questa parola la "o", in via eccezionale, si pronuncia "i"!

Alcune parole hanno solo il plurale:

news	**trousers**
niu:S	*trauSë:S*
informazioni, notizie	pantaloni

I pronomi personali soggetto

I	*ai*	io
you	*yu:*	tu / voi / Lei
he / she / it	*Hi: / shi: / it*	lui / lei / esso (m./f./n.)
we	*ui:*	noi
you	*yu:*	voi
they	*DHei*	loro (m./f./n.)

It si usa soprattutto per riferirsi a oggetti inanimati o nomi astratti. Può anche essere impiegato per parlare di animali, tranne, talvolta, nel caso degli animali da compagnia, per i quali è possibile scegliere **he** o **she**.

A differenza dell'italiano, in inglese il soggetto non si può mai sottintendere:

> **I am in London.**
> _ai æm in land̈ën_
> io sono in Londra
> Sono a Londra.

Inoltre non ci sono pronomi di cortesia che corrispondano al nostro "Lei" perché, per rivolgersi al proprio interlocutore, in inglese si usa soltanto il pronome **you**, valido sia per il singolare che per il plurale, per dare del tu o del Lei.

Notate che **you** si può usare anche per esprimere il "si" impersonale (**you never know**, _non si sa mai_).

I AM IN LONDON.
(Sono a Londra.)

I pronomi personali complemento

me	*mi* o *mi:*	me / mi
you	*yu:*	te / ti
him / her / it	*Him / Hë: / it*	lo / la / gli / le (m./f./n.)
us	*as*	ci
you	*yu:*	vi
them	*DHem*	li / le / loro (m./f./n.)

I pronomi personali complemento si mettono sempre dopo il verbo, mai prima:

Give them the keys.
ghiv DHem DHë ki:S
Dà loro le chiavi.

He sees her.
Hi: si:S Hë:
(Lui) la vede.

I pronomi possessivi

mine	*main*	mio / mia / miei / mie
yours	*yO:S*	tuo / tua / tuoi / tue
		vostro / vostra / vostri / vostre
		Suo / Sua / Suoi / Sue (cortesia)
his	*HiS*	suo / sua / suoi / sue (di lui)
hers	*Hë:S*	suo / sua / suoi / sue (di lei)
ours	*auëS*	nostro / nostra / nostri / nostre
theirs	*DHeëS*	loro

I pronomi e gli aggettivi possessivi, a differenza dell'italiano, non vogliono mai l'articolo:

This bag is mine; where is yours?
DHis bæg iS main ueë iS yO:S
questa borsa è mia dove è tua
Questa borsa è la mia; dov'è la tua?

Gli aggettivi possessivi

my	_mai_	mio / mia / miei / mie
your	_yO:_	tuo / tua / tuoi / tue
		Suo / Sua / Suoi / Sue
		vostro / vostra / vostri / vostre
his / her / its	_HiS / Hë: / its_	suo / sua / suoi / sue
our	_auë_	nostro / nostra / nostri / nostre
their	_DHeë_	loro

I pronomi dimostrativi

• Singolare

this	_DHis_	questo, questa
that	_DHæt_	quello, quella

• Plurale

these	_DHi:S_	questi, queste
those	_DHouS_	quelli, quelle

L'ordine delle parole nella frase

Generalmente le frasi inglesi si costruiscono come quelle italiane:

Soggetto	Verbo	Complemento oggetto
Alex	**books**	**a trip.**
aleks	_buks_	_ë trip_
Alex	prenota	un viaggio.

Nelle frasi affermative il verbo segue sempre il soggetto. Quest'ordine rimane invariato anche in presenza di altri elementi:

Soggetto	Verbo	Complemento (di luogo)	Complemento (di tempo)
The plane	**leaves**	**for Edinburgh**	**at nine o'clock.**
DHë plein	*li:vS*	*fO: edinbrë*	*æt nain ëklOk*
L'aereo	parte	per Edimburgo	alle nove.

Quest'ordine non cambia neppure in frasi più complesse che combinano proposizioni principali e subordinate:

Sogg.	Verbo	Compl. oggetto	Congiunz.	Sogg.	Verbo
I	**am eating**	**a pizza**	**because**	**I**	**am hungry.**
ai	*æm i:tin⁹*	*ë pizza*	*bikOS*	*ai*	*æm Hangri*
(Io)	mangio	una pizza	perché	(io)	ho fame.

Nelle frasi interrogative il verbo ausiliare (**to do**, **to be**, ecc.) precede il soggetto che, a sua volta, precede il verbo che esprime l'azione. Gli eventuali complementi seguono il verbo:

Does Ann like chocolate?
daS æn laik ciOkëlit
[aus. **do** 3ª pers. sing.] Ann ama cioccolato
Ad Ann piace il cioccolato?

I VERBI E I TEMPI VERBALI

Impossibile tentare una panoramica completa sulla coniugazione inglese in questa sede. Ci limiteremo dunque a presentarvi i tempi che vi saranno più utili nella conversazione quotidiana.

La forma progressiva

Prima di passare ai vari tempi verbali, notate che in inglese ci sono due tipi di coniugazione: la forma semplice e la forma progressiva. Quest'ultima, che si costruisce con l'ausiliare **to be**, *essere* + il verbo in **-ing**, descrive sempre un'azione in corso di svolgimento (nel presente, nel futuro o nel passato). In italiano si può tradurre con la struttura "stare + verbo al gerundio" o più semplicemente col presente indicativo, col futuro o con l'imperfetto rispettivamente.

Alcuni esempi:

• **Presente progressivo**

> **I am travelling.**
> *ai æm <u>travelin</u>^g*
> io sono viaggiando
> Sto viaggiando. / Viaggio. *(sottinteso: in questo momento).*

Il presente progressivo si usa molto spesso per parlare di un'azione che si svolgerà in un prossimo futuro. In italiano, in questo caso, si usa di solito il presente:

> **I am seeing John tomorrow.**
> *ai æm <u>si</u>:n^g gion të<u>mO</u>rou*
> io sto vedendo John domani
> Vedo John domani.

• **Futuro progressivo**
La forma progressiva del futuro descrive un'azione futura nel corso del suo svolgimento:

> **I will be leaving at five o'clock.**
> *ai uil bi: <u>li</u>:vin^g æt <u>fai</u>v ë<u>klO</u>k*
> io [aus. del futuro **will**] essere partendo a cinque d'orologio
> Alle cinque starò partendo.

• **Passato progressivo**
La forma progressiva del passato descrive un'azione che si stava svolgendo in un determinato momento del passato. Talvolta si può anche rendere in italiano con l'imperfetto:

I AM TRAVELLING.
(Sto viaggiando.)

She was watching TV when I arrived.
shi: uOS uOcing ti:vi: uEn ai ëraivd
lei era guardando tivù quando io arrivai
Quando sono arrivato stava guardando / guardava la tivù.

Il presente

• **Il presente semplice** (*simple present*)
La sua formazione è molto semplice: coincide con l'infinito
del verbo; solo la terza persona singolare è diversa dalle altre
perché richiede l'aggiunta di una **-s**:

I	eat	*ai*	*i:t*	io	mangio
you	eat	*yu:*	*i:t*	tu	mangi
he / she	eat**s**	*Hi: / shi:*	*i:ts*	lui / lei	mangia
we	eat	*ui:*	*i:t*	noi	mangiamo
you	eat	*you:*	*i:t*	voi	mangiate
they	eat	*DHei*	*i:t*	loro	mangiano

Dopo **-s**, **-sh**, **-ch**, **-x**, o nei verbi che finiscono per consonante
+ **y**, si aggiunge **-es** alla 3ª persona:

to miss (mancare):	he misses	Hi: _misiS_	lui manca
to rush (affrettarsi):	he rushes	Hi: _rashiS_	lui si affretta
to watch (guardare):	she watches	shi: _uOciS_	lei guarda
to mix (mischiare):	she mixes	shi: _miksiS_	lei mischia
to fly (volare):	it flies	it _flaiS_	esso vola

Altre eccezioni: **he / she / it goes** *[gouS]*, lui / lei / esso va, e
he / she / it does *[daS]*, lui / lei / esso fa.

La maggior parte dei verbi si coniuga seguendo questo modello
molto semplice in cui solo la 3ª persona singolare differisce dalle
altre. Tuttavia, gli ausiliari "essere" (**to be**) e "avere" (**to have**)
fanno eccezione. Ecco la loro coniugazione al presente:

To be _të bi:_ essere					
I	am	_ai_	æm	io	sono
you	are	_yu:_	a:	tu	sei
he / she	is	Hi: / shi:	iS	lui / lei	è
we	are	_ui:_	a:	noi	siamo
you	are	_yu:_	a:	voi	siete
they	are	_DHei_	a:	loro	sono

To have _të Hæv_ avere					
I	have	_ai_	Hæv	io	ho
you	have	_yu:_	Hæv	tu	hai
he / she	has	Hi: / shi:	HæS	lui / lei	ha
we	have	_ui:_	Hæv	noi	abbiamo
you	have	_yu:_	Hæv	voi	avete
they	have	_DHei_	Hæv	loro	hanno

Fare: **to make** e **to do**.

L'inglese traduce "fare" con due verbi. **To make** si usa grosso-
modo per esprimere l'idea di creazione, di costruzione:

She makes a cake.	**We make a plan.**
shi: _meiks ë keik_	ui: _meik ë plæn_
Lei prepara un dolce.	Noi creiamo un progetto.

I make a sandcastle.
ai meik ë sændka:sël
(Io) costruisco un castello di sabbia.

Negli altri casi, "fare" si traduce con **to do**:

What can I do?
uOt kæn ai du:
Cosa posso fare?

Do è importante anche perché serve a formare frasi interrogative e negative, al presente e al passato.

Ecco la sua coniugazione al presente:

I	do	*ai*	*du:*	io	faccio
you	do	*yu:*	*du:*	tu	fai
he /she	does	*Hi: / shi:*	*daS*	lui / lei	fa
we	do	*ui:*	*du:*	noi	facciamo
you	do	*yu:*	*du:*	voi	fate
they	do	*DHEi*	*du:*	loro	fanno

• **Forma progressiva** (*present progressive*)
Come abbiamo già accennato all'inizio del paragrafo *I verbi e i tempi verbali*, la forma progressiva indica che un'azione è in corso di svolgimento. In inglese richiede l'impiego dell'ausiliare **to be**, *essere*, seguito dalla radice del verbo che esprime l'azione + la terminazione **-ing**:

Ecco un esempio semplicissimo con **to go** *të gou*, *andare*.

I am going	*ai æm going*	io sto andando
	io sono andando	
you are going	*yu: a: going*	tu stai andando
	tu sei andando	
he / she is going	*Hi: / shi: iS going*	lui / lei sta andando
	lui / lei è andando	

we are going	*ui: a: going*	noi stiamo andando
	noi siamo andando	
you are going	*yu: a: going*	voi state andando
	voi siete andando	
they are going	*DHEi a: going*	loro stanno andando
	loro sono andando	

La maggior parte dei verbi inglesi si coniuga seguendo lo stesso modello: infinito + **-ing**.

they are sleeping
DHEi a: sli:ping
dormono (stanno dormendo)

I am walking
ai æm uO:king
cammino (sto camminando)

Il passato

Per parlare di azioni che si sono svolte nel passato si usano di norma il *simple past*, il *past progressive* e il *present perfect*.

• Il *simple past*

Il *simple past* corrisponde di solito al nostro participio passato, ma talvolta si può anche tradurre con un imperfetto o un passato remoto. Si usa per descrivere azioni o fatti totalmente compiuti che non hanno più rapporto col presente.
I verbi regolari, nelle frasi affermative, formano il *simple past* aggiungendo il suffisso **-ed** alla radice del verbo:

I visited Scotland last year.
ai viSitid skOtlend la:st yïë
io visitai Scozia ultimo anno
L'anno scorso sono stato in Scozia.

Vedremo in seguito come si forma il *simple past* dei verbi irregolari e la coniugazione di questo tempo nelle frasi interrogative e negative.

• **La forma semplice**

I rented	*ai rEntid*	io ho affittato / affittavo / affittai
you rented	*yu: rEntid*	tu hai affittato ecc.
he/she rented	*Hi:/shi: rEntid*	lui / lei ha affittato ecc.
we rented	*ui: rEntid*	noi abbiamo affittato ecc.
you rented	*yu: rEntid*	voi avete affittato ecc.
they rented	*DHEi rEntid*	loro hanno affittato ecc.

Ecco come si coniuga il verbo **to be**, *essere*:

I was	*ai uOS*	io sono stato / ero / fui
you were	*yu: uę̈:*	tu sei stato / eri / fosti
he / she was	*Hi: / shi: uOS*	lui / lei è stato / era / fu
we were	*ui: uę̈:*	noi siamo stati ecc.
you were	*yu: uę̈:*	voi siete stati ecc.
they were	*DHEi uę̈:*	loro sono stati ecc.

I VISITED SCOTLAND LAST YEAR.
(L'anno scorso sono stato in Scozia.)

Ed ecco il verbo **to have**, *avere*:

I had	*ai Hæd*	io ho avuto / avevo / ebbi
you had	*yu: Hæd*	tu hai avuto ecc.
he / she / it had	*Hi: / shi: / it Hæd*	lui / lei ha avuto ecc.
...		

Had rimane invariato per tutte le persone.

Un altro verbo importantissimo è **to do**, *fare*:

I did	*ai did*	io ho fatto / facevo / feci
you did	*yu: did*	tu hai fatto ecc.
he / she did	*Hi: / shi: did*	lui / lei ha fatto ecc.
...		

Did rimane invariato per tutte le persone.

• La forma progressiva (*past progressive*)

Si usa per descrivere un'azione nel corso del suo svolgimento in un determinato momento del passato. Si traduce solitamente con la struttura "stare (all'imperfetto) + gerundio" o direttamente con l'imperfetto:

What were you doing when I called you? – **I was eating.**
uOt uë: yu: du:ing uEn ai kO:ld yu: *ai uOS i:ting*
cosa eri tu facendo quando io ho chiamato te   io ero mangiando
Cosa stavi facendo quando (nel – Stavo mangian-
momento in cui) ti ho chiamato? do (mangiavo).

Il passato progressivo si forma come il presente progressivo, ma in questo caso il verbo **to be** va coniugato al passato:

To eat, *mangiare*		
I was eating	*ai uOS i:ting*	io stavo mangiando (mangiavo)
you were eating	*yu: uë: i:ting*	tu stavi mangiando (mangiavi)
he/she was eating	*Hi:/shi: uOS i:ting*	lui / lei stava mangiando (mangiava)

we were eating	*ui: u̯ë̱: i̱:tinᵍ*	noi stavamo mangiando (mangiavamo)
you were eating	*yu: u̯ë̱: i̱:tinᵍ*	voi stavate mangiando (mangiavate)
they were eating	*DHEi u̯ë̱: i̱:tinᵍ*	loro stavano mangiando (mangiavano)

• Il *present perfect*

Si forma con **have** seguito dal *past participle*, ovvero il participio passato (la cui desinenza è **-ed** per i verbi regolari). Questo tempo somiglia al nostro passato prossimo, ma si usa in genere quando l'azione, cominciata o avvenuta nel passato, continua (o i suoi effetti sono ancora in atto) nel presente:

It has rained all morning.
it HæS r̲Eind O:l mo̱:ninᵍ
Ha piovuto tutta la mattinata (e continua a piovere).

To live, *vivere*		
I have lived	*a̱i Hæv li̱vd*	io ho vissuto
you have lived	*yu: Hæv li̱vd*	tu hai vissuto
he / she has lived	*Hi: / shi: HæS li̱vd*	lui / lei ha vissuto
we have lived	*ui: Hæv li̱vd*	noi abbiamo vissuto
you have lived	*you: Hæv li̱vd*	voi avete vissuto
they have lived	*DHEi Hæv livd*	loro hanno vissuto

Ci sono due preposizioni che si usano spesso col *present perfect*: **since** e **for**. Entrambe vogliono dire "da", ma mentre **since** indica il momento in cui l'azione ha avuto inizio, **for** si usa per dire quanto l'azione è durata. In italiano questo tipo di frasi si traduce spesso con un presente:

I have lived in Scotland for ten years.
a̱i Hæv li̱vd in sk̲O̱tlend fO: tEn yi̱ëS
io ho vissuto in Scozia per dieci anni
Vivo in Scozia da dieci anni.

She has known John since 1992.
shi: HæS <u>noun</u> giOn sins nain-<u>ti:n</u> <u>n</u>ainti tu:
lei ha conosciuto John da 1992
(Lei) conosce John dal 1992.

I have been in London for two weeks.
ai Hæv bi:n in <u>land</u>ën fO: tu: ui:ks
io ho stato in Londra per due settimane
Sono a Londra da due settimane.

Il futuro

Ci sono diversi modi di esprimere il futuro in inglese. Eccone alcuni:

• **Futuro semplice**
Corrisponde al futuro semplice italiano e si costruisce con **will** seguito dall'infinito del verbo senza **to**:

I will go	*ai uil <u>gou</u>*	io andrò
you will go	*yu: uil gou*	tu andrai
he / she will go	*Hi: / shi: uil <u>gou</u>*	lui / lei andrà
we will go	*ui: uil <u>gou</u>*	noi andremo
you will go	*yu: uil <u>gou</u>*	voi andrete
they will go	*<u>DHEi</u> uil <u>gou</u>*	loro andranno

• **La forma progressiva**
Si usa soprattutto per parlare di un'azione che si starà svolgendo in un determinato momento del futuro; si costruisce con **will be** + il verbo in **-ing**. In italiano si traduce in genere con un futuro semplice:

I will be having breakfast at nine o'clock tomorrow morning.
ai uil bi: <u>H</u>æving brEkfëst æt nain ëklOk tëmOrou mO:ning
io [aus. del futuro **will**] essere avendo colazione a nove ore domani mattina
Domani mattina alle nove, farò / starò facendo colazione.

Ecco come esempio la coniugazione del verbo **to take**, *prendere*, alla forma progressiva del futuro:

I will be taking	*ai uil bi: tEiking*	io prenderò (starò (starò prendendo)
you will be taking	*yu: uil bi: tEiking*	tu prenderai (starai (starai prendendo)
he/she will be taking	*Hi:/shi: uil bi: tEiking*	lui/lei prenderà (starà (starà prendendo)
we will be taking	*ui: uil bi: tEiking*	noi prenderemo (staremo prendendo)
you will be taking	*yu: uil bi: tEiking*	voi prenderete (starete prendendo)
they will be taking	*DHEi uil bi: tEiking*	loro prenderanno (staranno prendendo)

• Il *present progressive* per esprimere il futuro

Per parlare di un'azione che si svolgerà in un futuro prossimo, l'inglese ricorre alla forma progressiva del presente (o *present progressive*). Qualcosa di simile avviene anche in italiano quando usiamo il presente per descrivere azioni già programmate o che avverranno prossimamente:

> **We are going to the cinema this evening.**
> *ui: a: going të DHë sinema DHis i:vning*
> noi siamo andando a il cinema questa sera
> Stasera andiamo / andremo al cinema.

Per parlare di azioni che avvengono regolarmente o a un orario già stabilito, si usa il presente anche in inglese:

> **The train leaves at six thirty.**
> *DHë trEin li:vS æt siks THë:ti*
> il treno parte a sei trenta
> Il treno parte alle sei e trenta.

FRASI NEGATIVE E INTERROGATIVE

La negazione semplice

È quella usata nelle frasi con parole di valore negativo (*mai, nessuno, niente,* ecc.): in questo caso non si usano avverbi di negazione, come può avvenire invece in italiano:

> **Catherine never goes to the theatre.**
> *kæTHrin nEvë gouS të DHë THi:Etë*
> Catherine mai va a il teatro
> Catherine non va mai a teatro.

> **Nobody likes me.**
> *noubOdi laiks mi:*
> nessuno ama me
> Nessuno mi vuole bene.

Frasi negative e interrogative con l'ausiliare

Nelle frasi negative in cui c'è un ausiliare, quest'ultimo (**be, have, can, must,** ecc.) va fatto seguire dall'avverbio negativo **not** e poi dal verbo che indica l'azione:

> **I am not working today.**
> *ai æm nOt uë:king tëdEi*
> io sono non lavorando oggi
> Oggi non lavoro.

> **We have not seen Susie since Friday.**
> *ui: Hæv nOt si:n su:Si sins fraidEi*
> noi abbiamo non visto Susie da venerdì
> Non vediamo Susie da venerdì.

Le frasi interrogative sono introdotte dall'ausiliare, debitamente coniugato, seguito dal soggetto e dal verbo che indica l'azione:

Am I working today?
æm ai uë:king° tëdEi
sono io lavorando oggi
Oggi lavoro?

Have you seen Nick?
Hæv yu: si:n nik
hai tu / avete voi visto Nick
Hai visto / Ha visto Nick?

Frasi negative e interrogative col verbo *to do*

Se non c'è un ausiliare, le frasi negative e interrogative si formano entrambe con **do** al presente e **did** al passato (tranne per **to be** e i verbi modali).

La forma negativa si ottiene coniugando **to do**, cui seguono l'avverbio di negazione **not** e l'infinito senza **to** del verbo che indica l'azione:

AM I WORKING TODAY?
(Oggi lavoro?)

I do not like tea.	*ai du: nOt laik ti:*	Non mi piace il tè.
You do not like tea.	*yu: du: nOt laik ti:*	Non ti piace / non Le piace il té.
He / she does not like tea	*Hi: / shi: daS nOt laik ti*	Non gli / le piace il tè.
...		

I did not eat	*ai did nOt i:t*	Non ho mangiato.
You did not eat	*yu did nOt i:t*	Non hai mangiato / non ha mangiato.
He / she did not eat	*Hi: / shi: did nOt i:t*	(Lui / lei) non ha mangiato.
...		

La forma interrogativa si ottiene coniugando **to do**, cui seguono il soggetto della domanda e l'infinito senza **to** del verbo che indica l'azione:

Do you like tea?	*du: yu: laik ti:*	Ti piace il tè?
Does he like tea?	*daS Hi: laik ti:*	Gli piace il tè?
...		

Did she eat?	*did shi: i:t*	(Lei) ha mangiato?
Did they eat?	*did DHEi i:t*	Hanno mangiato?
...		

I verbi modali

Non entreremo nei dettagli dei verbi modali inglesi, che d'altronde non presentano particolari difficoltà; limitiamoci a vederne le caratteristiche principali e osserviamo gli esempi.

• **Can** *kæn*, *potere*, si usa per esprimere la possibilità, la capacità (sapere o poter fare qualcosa), nonché per chiedere, accordare o rifiutare un permesso.

I can do that easily!
ai kæn du: DHæt i:Sili
Lo so fare bene (con facilità)!

You can go now.
yu: kæn gOu nau
Puoi andare, adesso.

Can you swim?   **Yes, I can.**
kæn yu: suim   *yEs ai kæn*
Sai nuotare?   Sì.

• **Could** *kud*, *potere*, serve sostanzialmente a formulare una domanda in modo educato; si usa anche per parlare di un'azione permessa nel passato.

Could you pass me the bread, please?
kud yu: pæs mi: DHë brEd pli:S
potresti tu passare mi il pane per-favore
Mi potresti / potrebbe passare il pane, per cortesia?

When I was a child, I could stay up until nine thirty.
uEn ai uOS æ ciaild ai kud stEi ap antil nain THë:ti
quando io ero un bambino io potevo restare in piedi fino nove trenta
Quando ero piccolo potevo restare alzato fino alle nove e mezza.

• **May** *mEi*, *potere*, si usa per domandare o accordare un permesso in maniera più formale, oppure per esprimere una possibilità.

May I smoke?   **No, you may not.**
mEi ai smouk   *nou yu: mEi nOt*
Posso fumare?   No (*sottinteso:* Lei non ha il permesso).

It may snow tomorrow.
it mEi snou tëmOrou
Può darsi che domani nevichi / Forse domani nevicherà.

- **Might** _mait_, può darsi che… / _potere_ al condizionale.

  Ruth might come next week.
  ru:TH mait kam nEkst ui:k
  Può darsi che Ruth venga la settimana prossima.
  (Esprime una probabilità minore rispetto a **may**)

- **Must** _mast_, _dovere_, esprime un obbligo o una deduzione.

  You must go now.
  yu mast gou nau
  Devi andartene adesso.

  He can't stop smiling. He must be in love.
  Hi: kant stOp smailinᵍ Hi: mast bi: in lav
  lui non-può smettere sorridendo lui deve essere in amore
  Non la smette di sorridere. Dev'essere innamorato.

- **Shall** _shæl_, _potere_ o _dovere_, si usa nelle domande quando si vuol dare un suggerimento, fare una proposta oppure chiedere un consiglio.

  Shall we go?
  shæl ui: gou
  Possiamo andare? / Andiamo?

  What do you think, shall we talk to him?
  uOt du: yu: THink shæl ui: tO:k të Him
  cosa [**do** = indica una domanda] tu pensi [**shall** = richiesta di un consiglio] dobbiamo noi parlare a lui
  Cosa ne pensi, dobbiamo parlargli?

- **Should** _shud_, _dovere_, esprime un obbligo o una deduzione, ma è meno forte di **must**, dal momento che indica una raccomandazione più che un dovere.

the red car	red cars
DHë rEd ka:	*rEd ka:S*
l'auto rossa	(delle) auto rosse

Se sono attributi (legati al soggetto o al complemento dal verbo "essere" o "sembrare", "parere", ecc.) vanno dopo il verbo:

Charles is intelligent.
cia:lS iS intelligent
Charles è intelligente.

Il comparativo e il superlativo

Ci sono due modi per formarli. Gli aggettivi monosillabi e quelli bisillabi che finiscono per **-y** prendono la desinenza **-er** per formare il comparativo e **-est** per il superlativo (dal momento che, in inglese, gli aggettivi sono invariabili, la loro forma non cambia neppure al comparativo o al superlativo, a prescindere dal genere e dal numero):

Aggettivo	Comparativo "più… (di)" = …-er (than)	Superlativo "il più…" = the …-est
cold	**colder**	**the coldest**
kold	*koldë*	*DHë koldest*
freddo	più freddo / più fredda	il più freddo / la più fredda
funny	**funnier**	**the funniest**
fani	*fanië*	*DHë faniest*
divertente	più divertente	il / la più divertente

Gli aggettivi che finiscono per consonante preceduta da una sola vocale raddoppiano la consonante finale:

big	**bigger**	**the biggest**
big	*bighë*	*DHë bighest*
grande	più grande	il / la più grande

Today is colder than yesterday.
tëd<u>Ei</u> iS <u>kold</u>ë DHæn <u>ye</u>stëd<u>Ei</u>
oggi è più-freddo di ieri
Oggi fa più freddo di ieri.

This museum is the biggest in England.
DHis myu<u>Si</u>ëm iS DHë <u>bi</u>ghest in <u>in</u>glænd
questo museo è il più-grande in Inghilterra
Questo museo è il più grande d'Inghilterra.

Gli altri aggettivi bisillabi e tutti gli aggettivi più lunghi formano il comparativo con la struttura **more … than** e il superlativo con **most** :

Aggettivo	Comparativo "più … di" = **more … than**	Superlativo "il più …" = **(the) most …**
expensive	**more expensive**	**the most expensive**
iksp<u>E</u>nsiv	*mO:r iksp<u>E</u>nsiv*	*DHë <u>mou</u>st iksp<u>E</u>nsiv*
caro	più caro	il più caro / la più cara

This hotel is more expensive than that youth hostel.
DHis Hout<u>El</u> iS mO:r iksp<u>E</u>nsiv DHæn DHæt yuTH <u>hO</u>stël
Quest'albergo è più caro di quell'ostello della gioventù.

Attenzione, ci sono alcune eccezioni! Per il momento vi basterà conoscere queste:

good	**better**	**the best**
gud	*b<u>E</u>të*	*DHë b<u>E</u>st*
buono / buona	meglio, migliore	il meglio, il migliore, la migliore

bad	**worse**	**the worst**
bæd	*u<u>ë:</u>s*	*DHë u<u>ë:</u>st*
cattivo / cattiva	peggio, peggiore	il peggio / il peggiore

much / many	more	the most
mac'	*mO:r*	*DHë moust*
molto / molti	più	il / la / i / le più

little	less	the least
litël	*lEss*	*DHë li:st*
piccolo / poco	meno	il / la / i / le meno

The train takes less time than the bus.
DHë trEin tEiks lEss taim DHæn DHë bas
il treno prende meno tempo di il bus
Il treno ci mette meno dell'autobus.

This is the best theatre in London.
DHis iS DHë bEst THi:Etë in landën
questo è il migliore teatro in Londra
Questo è il miglior teatro di Londra.

Il comparativo di uguaglianza

as big as...
æS big æS
grande come...

not as big as ...
nOt æS big æS
non così grande come...

as comfortable as...
æS kæmfëtëbël æS
comodo come...

not as comfortable as...
nOt æS kamfëtëbël æS
non così comodo come...

Blackpool beach is not as nice as Brighton beach.
blækpu:l bi:c' iS nOt æS nais æS braitën bi:c'
Blackpool spiaggia è non così bella come Brighton spiaggia
La spiaggia di Blackpool non è bella come quella di
Brighton.

GLI AVVERBI

La maggior parte degli avverbi si forma a partire dagli aggettivi, cui si aggiunge la desinenza **-ly** (che equivale all'italiano -*mente*):

slow →	slowly	careful →	carefully
slou	*slouli*	*kEëfël*	*kEëfëli*
lento	lentamente	prudente / attento	prudentemente / attentamente

He is a careful driver. → **He drives carefully.**
Hi: iS æ kEëfël draivë   *Hi: draivS kEëfëli*
lui è un prudente guidatore   lui guida prudentemente
È un guidatore prudente.   Guida con prudenza.

Ecco alcuni avverbi che è bene conoscere:

also	*O:lsou*	anche
always	*O:lueiS*	sempre
hardly	*Ha:dli*	appena
nearly	*ni:ëli*	quasi
never	*nEvë*	mai
often	*Ofën* o *Oftën*	spesso
only	*Ounli*	solo, soltanto
really	*ri:ëli*	davvero, veramente
seldom	*sEldëm*	raramente, di rado
sometimes	*samtaimS*	a volte, qualche volta
soon	*su:n*	presto
still	*stil*	ancora
usually	*yujuëli*	di solito, abitualmente

I often go to Wales.
ai Of(t)ën gou të uEilS
io spesso vado a Galles
Vado spesso in Galles.

The train will arrive soon.
DHë trEin uil ëraiv su:n
il treno **will** arrivare presto
Il treno arriverà presto.

IL GENITIVO SASSONE

Per indicare possesso (per esempio se vogliamo dire "l'auto di Steve", bisogna aggiungere il suffisso **-'s** (o **-s'** nel caso di plurali regolari) al nome del possessore:

Steve's car is blue.
sti:vS ka: iS blu:
Steve-di auto è blu
L'auto di Steve è blu.

My parents' dog is big.
mai pærents dOg iS big
miei genitori-di cane è grande
Il cane dei miei genitori è di grossa taglia.

LE CONGIUNZIONI

Sono molto importanti perché, una volta acquisite le prime nozioni di inglese, vi permetteranno di costruire frasi più lunghe e articolate.

MY PARENTS' DOG IS BIG.
(Il cane dei miei genitori è di grossa taglia.)

Ecco le più importanti:

because	*bikOS*	perché
but	*bat*	ma
if	*if*	se
and	*ænd*	e
although	*O:lDHou*	benché, anche se
therefore	*DHeëfO:*	dunque, perciò
that	*DHæt*	che

Esempi:

I eat fish because I don't like meat.
ai i:t fish bikOS ai dont laik mi:t
io mangio pesce perché io [aus. **do** + negaz.] non amo carne
Mangio pesce perché non mi piace la carne.

He is really polite, but he is so boring!
Hi: iS ri:ëli pëlait bat Hi: iS sou bOring
lui è veramente educato ma lui è così noioso
È davvero educato, ma è così noioso!

I will play tennis tomorrow if it doesn't rain.
ai uil plEi tEnis tëmOrou if it daSënt rEin
io [aus. fut. **will**] giocare tennis domani se esso [aus. **do** + negaz.] non piove
Se non piove, domani giocherò a tennis.

I think therefore I am.
ai Think DHeëfO: ai æm
Penso, dunque sono.

You are the only person that can help me.
yu: a: DHi: Ounli pë:sën DHæt kæn HElp mi:
Tu sei / Lei è la sola persona che possa aiutarmi.

Eccoci dunque arrivati al termine della nostra rapida panoramica sulle principali nozioni di grammatica inglese!

I luoghi comuni sui Britannici sono in parte veri. In effetti bevono molto tè e molta birra, si dichiarano sudditi della Regina e per di più, generalmente, la monarchia è assai rispettata. Sì, in effetti i Britannici sono talvolta eccentrici: per esempio sono fieri del loro museo del tosaerba e della gara annuale di "cheese rolling", la corsa del formaggio (letteralmente "formaggio che rotola"): tutto questo è vero...

D'altra parte, i Britannici sono molto educati: si scusano per un nonnulla e sono molto formali quando si tratta di rispettare la coda alla fermata dell'autobus, al binario del treno, alla cassa di un negozio... di fatto ovunque! Esiste anche la rinomata flemma britannica, ma questo non significa che i Britannici siano freddi. Con un piccolo sforzo, e grazie a questo manuale, scoprirete che sanno essere estremamente ospitali e comincerete ben presto a capire l'eccezionale senso dell'umorismo che li contraddistingue.

I SALUTI

Espressioni familiari

Hello *HElou* è il saluto informale più frequente in Gran Bretagna. I giovani usano spesso dire "**Hi**" *Hai*, ciao, forma che si può utilizzare non appena si è entrati un po' in confidenza con il proprio interlocutore.

Espressioni formali

Ci sono diversi modi per salutare in modo più formale. Oltre a essere cortesi, questi saluti marcano la distanza che bisogna stabilire nelle relazioni occasionali e cambiano a seconda del momento della giornata.

Good morning!	*gud mO:ninᵍ*	Buongiorno! (buon mattino!)
Good afternoon!	*gud aftënu:n*	Buon pomeriggio!
Good evening!	*gud i:vninᵍ*	Buona sera!
Good night!	*gud nait*	Buona notte!

Notate che, come da noi, "**Good morning**" (all'inizio della giornata) e "**Good night**" (al termine della serata) sono saluti molto frequenti e si scambiano anche con persone che si conoscono molto bene o si vedono sempre.

La stretta di mano, invece, è rara in Gran Bretagna, tranne in ambiente lavorativo, quando ci s'incontra per la prima volta o si vuole sottolineare un avvenimento particolarmente importante. Del resto è insolito anche scambiarsi baci tra adulti.

Il saluto ufficiale

How do you do?
Hau du: yu: du:
Come sta?

Questa formula non si usa più come un tempo e potrebbe anche essere considerata pretenziosa, tranne nel caso in cui siate stati invitati a cenare con un membro della famiglia reale!

Come va?

Per chiedere "come va?" si può ricorrere a diverse espressioni. La più usata (e la più educata) è:

How are you?	**I'm very well thank you!**
Hau a: yu:	_aim vEri uEl Thænk yu:_
come sei tu / siete voi	io-sono molto bene ringrazio te
Come stai / sta?	Molto bene, grazie!

Quando conoscerete un po' meglio le persone cui vi rivolgete, potrete usare formule più familiari:

How's it going?	**Fine, thanks!**
HauS it goin^g	_fain THæks_
Come va?	Bene, grazie!

How's things?	**Great!**
HauS THingS	_grEit_
come è cose	grande
Come vanno le cose?	Benissimo!

Ecco altre risposte che potrà capitarvi di sentire:

I'm okay.	**Not too bad.**	**Not great.**	**Terrible!**
aim oukEi	_nOt tu: bæd_	_nOt grEit_	_tEribël_
Bene.	Non male.	Non benissimo.	Malissimo!

– HOW ARE YOU? – TERRIBLE!
(– Come stai? – Malissimo!)

What's your name?	**My name is Robert.**
uOts yO: nEim	*mai nEim iS rObët*
qual-è tuo/vostro nome	mio nome è Robert
Come ti chiami / si chiama?	Mi chiamo Robert.

In genere i Britannici si chiamano per nome poco dopo aver fatto conoscenza, cosa che da noi equivale a dare del tu. Ricordate le forme, comunemente abbreviate, che si usano nella lingua scritta:

Mr	*mistë*	signore
Mrs	*misiS*	signora
Miss	*mis*	signorina

Per evitare possibili discriminazioni e il rischio di apparire indiscreti, ultimamente è invalso nell'uso **Ms** *miS* per rivolgersi a tutte le donne, giovani o anziane, sposate o nubili.

Presentare

This is my...	*DHis i:S mai*	È (ecco) mio / mia...
husband	*HaSbënd*	marito
wife	*uaif*	moglie
daughter	*dO:të*	figlia
son	*san*	figlio
sister	*sistë*	sorella
brother	*brODHë*	fratello
boyfriend	*boifrEnd*	(il mio) ragazzo
girlfriend	*ghë:lfrEnd*	(la mia) ragazza
friend	*frEnd*	amico, amica

I termini **"boyfriend"** e **"girlfriend"** indicano il ragazzo o la ragazza con cui si ha una relazione intima; altrimenti si usa **"friend"**, *amico / amica*.

Per presentare qualcuno con le dovute maniere sarà bene dire:

May I introduce you to my wife / Mr Smith?
mEi ai intrëdyu:s yu: të mai uaif / mistë smiTH
posso io presentare te/voi a mia moglie / signor Smith
Posso presentarLa a mia moglie / al signor Smith?

Nel momento in cui vi presentate direte:

I'm pleased to meet you.
aim pli:Sd të mi:t yu:
io-sono lieto di incontrare te/voi
Lieto di conoscerLa.

Congedarsi

Ci sono vari modi per salutarsi prima di andarsene. Ecco i più comuni:

Goodbye!	*gud bai*	Arrivederci!
Good night!	*gud nait*	Buona notte!
Bye-bye!	*bai bai*	Ciao ciao!
Bye!	*bai*	Ciao!
See you later!	*si: yu: lEitë*	A dopo!
See you soon!	*si: yu: su:n*	A presto!

LE FORMULE DI CORTESIA

I Britannici sono molto educati, al punto che sentirete dire "**please**" e "**thank you**" alla fine di parecchi frasi. Inoltre "**sorry**", *scusi*, è indubbiamente una delle parole più usate, soprattutto sui mezzi pubblici!

Per favore / Grazie

Il nostro "per favore" si traduce "**please**":

Could you pass me the butter please?
kud yu: pæ:s mi: DHë batë pli:S
Potrebbe passarmi il burro, per favore?

Quando vi portano qualcosa che avete chiesto, vi diranno:

Here you are!
Hië yu: a:
qui tu sei / voi siete
Ecco (a Lei)!

Quando ringraziate ("**thank you**", *grazie*), vi risponderanno:

You're welcome.
yO: uElkëm
tu sei / voi siete benvenuto
Prego. / Non c'è di che.

Se dovete scusarvi, dite:

I'm (very) sorry.
aim vEri sOri
io-sono (molto) spiacente
Scusi (tanto).

espressione alla quale si risponde:

That's all right!
DHæts O:l rait
questo-è tutto giusto
Non fa niente!

E non dimenticate l'onnipresente

No problem!
nou prOblëm
Nessun problema! / Non è niente!

Se non avete capito quello che ha detto il vostro interlocutore
e desiderate che ripeta, dite:

Pardon?
pa:dën
Prego?

Sorry?
sOri
Scusi?

Could you repeat that please?
kud yu: ripi:t DHæt pli:S
Può ripetere, per cortesia?

Could you speak more slowly please?
kud yu: spi:k mO: slouli pli:S
Può parlare più lentamente, per favore?

E infine, ecco tutte le formule per ringraziare:

Thank you! / Thanks!
THænk yu: / THænks
Grazie!

Thank you very much!
THænk yu: vEri mac'
Grazie mille!

Thanks a lot!
THænks æ lOt
Molte grazie / grazie infinite!

FARE CONOSCENZA

Il vostro accento italiano non mancherà di intrigare i vostri interlocutori: le frasi seguenti potranno esservi utili per parlare un po' di voi:

Where are you from?
uE: a: yu: frOm
dove siete voi da
Da dove viene?

I'm from Italy. / I am Italian.
aim frOm itëli / ai æm itæliën
io-sono da Italia / io sono italiano (italiana)
Vengo dall'Italia. / Sono italiano (italiana).

How old are you?
Hau o:ld a: yu:
come vecchio siete voi
Quanti anni ha?

I'm twenty five (years old).
aim tuEnti faiv (yiëS o:ld)
io-sono venti cinque (anni vecchio)
Ho venticinque anni.

What do you do here?
uOt du: yu: du: Hi:ë
che [aus. **do**] voi fate qui
Cosa fa di bello qui?

I'm on holiday here.
aim On HOlidEi Hi:ë
io sono su vacanza qui
Sono in vacanza.

What do you do for a living?
uOt du: yu: du: fO: æ livinᵍ
che [aus. **do**] voi fate per un vivere
Cosa fa nella vita?

Where do you work?
uE: du: yu: uë:k
Dove [aus. **do**] voi lavorate
Dove lavora?

I'm a/an...	aim ælæn	Sono un...
artist	a:tist	artista
civil servant	sivël së:vënt	impiegato statale
engineer	Enginië	ingegnere
farmer	fa:më	agricoltore
nurse	në:s	infermiere / infermiera
salesperson	sE'lSpë:sën	commerciante
secretary	sEkrëtëri	segretario / segretaria
shop assistant	shOp ëssistënt	commesso / -a
student	styudënt	studente / studentessa
taxi driver	tæksi draivë	tassista
teacher	ti:cë	professore / -essa
writer	raitë	scrittore / scrittrice

Notate che i termini che indicano le professioni sono generalmente identici sia al maschile che al femminile.

I work in...	ai uë:k in	Lavoro in...
a bank	æ bænk	banca
an office	æn Ofis	un ufficio

LA PRIMA CONVERSAZIONE

U na volta acquisite alcune basi, avrete voglia di andare più in là di semplici domande e vorreste scambiare impressioni con gli altri. Quando affrontate una conversazione per la prima volta, si parla spesso del più e del meno, di cosa fate e cosa vi piace fare, ecc. Ecco un piccolo esempio:

Do you like it here?
du: yu: laik it Hi:ë
[aus. **do**] voi amate esso qui
Le piace qui?

Yes, it's wonderful.
yEs its uandëful
Sì, è meraviglioso.

No, it's boring.
nou its bO:ring
No, mi annoio.

How long have you been here?
Hau lOng Hæv yu: bi:n Hi:ë
come lungo avete voi stato qui
Da quanto tempo si trova qui?

We have been here for two weeks.
ui: Hæv bi:n Hi:ëfO: tu: ui:ks
noi abbiamo stato qui per due settimane
Siamo qui da due settimane.

Have you been swimming much?
Hæv yu: bi:n suiming mac'
avete voi stato nuotando molto
Ha nuotato molto?

No, I can't swim!
nou ai ka:nt suim
no, io non-posso nuotare
No, non so nuotare!

HOW LONG HAVE YOU BEEN HERE?
(Da quanto tempo si trova qui?)

Seguono alcune frasi utili per dire cosa vi piace e cosa no.
Sta a voi completarle in base ai vostri gusti...

I like / I don't like...	**I love / I hate...**
_ai_ _laik_ / _ai_ dont _laik_	_ai_ lOv / _ai_ _HE_it
Mi piace / Non mi piace...	Adoro / Odio...

playing tennis	_plEin⁹ tEnis_	giocare a tennis
swimming	_suimin⁹_	il nuoto / nuotare
walking	_uO:kin⁹_	passeggiare / l'escursionismo
dancing	_dænsin⁹_	ballare
sports	spO:ts	lo sport
tea	ti:	il tè
bananas	_bënænæS_	le banane

E per dire la vostra su un argomento qualsiasi:

This is...	_DHis i:S_	È...
interesting	_intrëstin⁹_	interessante
weird	_uiëd_	bizzarro, strambo

strange	*strEing'*	strano	
fantastic	*fæntæstik*	fantastico	
unbelievable	*anbili:vëbël*	incredibile	
horrible	*HOrëbël*	orribile	

I absolutely agree/disagree.
ai æbsëlu:tli ëgri: disëgri:
io assolutamente sono-d'accordo / non-sono-d'accordo
Sono assolutamente d'accordo / non sono affatto
d'accordo.

In my opinion… /	**I think that…** /	**I believe that…**
in mai opinyën	*ai THink DHæt*	*ai bili:v DHæt*
Secondo me… /	Penso che… /	Credo che…

Are you sure?	**I don't believe it!**
a: yu: shu:ë	*ai dont bili:v it*
Sei / È sicuro?	Non ci credo!

NUMERI

Ecco i numeri da zero a venti:

0	**zero**	*Sirou*		6	**six**	*siks*
1	**one**	*uan*		7	**seven**	*sEvën*
2	**two**	*tu:*		8	**eight**	*Eit*
3	**three**	*THri:*		9	**nine**	*nain*
4	**four**	*fO:*		10	**ten**	*tEn*
5	**five**	*faiv*		11	**eleven**	*ilEven*
12	**twelve**	*tuElv*		17	**seventeen**	*sEvënti:n*
13	**thirteen**	*THë:ti:n*		18	**eighteen**	*Eiti:n*
14	**fourteen**	*fO:ti:n*		19	**nineteen**	*nainti:n*
15	**fifteen**	*fifti:n*		20	**twenty**	*tuEnti*
16	**sixteen**	*siksti:n*				

Dopo il venti si seguono le stesse norme dell'italiano, perciò l'unità segue la decina:

21	**twenty one**	*tuEnti uan*
22	**twenty two**	*tuEnti tu:*
30	**thirty**	*THё:ti*
31	**thirty one**	*THё:ti uan*
40	**forty**	*fO:ti*
50	**fifty**	*fifti*
60	**sixty**	*siksti*
70	**seventy**	*sEvёnti*
80	**eighty**	*Eiti*
90	**ninety**	*nainti*
100	**one hundred**	*uan Handrёd*
500	**five hundred**	*faiv Handrёd*
1.000	**one thousand**	*uan THauSёnd*
10.000	**ten thousand**	*tEn THauSёnd*

I numeri ordinali

Si formano aggiungendo **-th** al numero. Attenti però ai prim tre numeri, che fanno eccezione, e ai loro composti come **21st** (21°), **22nd** (22°), **23rd** (23°), **31st** (31°), ecc.

1st	**first**	*fё:st*
2nd	**second**	*sEkёnd*
3rd	**third**	*THё:d*
4th	**fourth**	*fO:TH*
5th	**fifth**	*fifTH*
10th	**tenth**	*tEnTH*
11th	**eleventh**	*ilEvёnTH*
12th	**twelfth**	*tuElfTH*
13th	**thirteenth**	*Thё:ti:nTH*
20th	**twentieth**	*tuEntiёTH*
21st	**twenty first**	*tuEnti fё:st*
22nd	**twenty second**	*tuEnti sEkёnd*

Per indicare una ripetizione (una volta, due volte, ecc.) si usa la parola **times** _taimS_, _volte_, dopo il numero, tranne in due casi: **once** _uans_, _una volta_, e **twice** _tuais_, _due volte_.

once	_uans_	una volta
twice	_tuais_	due volte
three times	_THri: taimS_	tre volte
four times	_fO:ë taimS_	quattro volte
sometimes	_samtaimS_	qualche volta

Quantità e unità di misura

some, any	_sam / Eni_	qualche / alcuni / un po' di / ecc. (**any** si usa solo nelle frasi interrogative e negative)
every	_Evri_	ogni
no / none	_nou / nOn_	nessuno
many	_mEni_	molti (plurale)
much	_mac'_	molto (singolare)
a lot of	_æ lOt Ov_	molto / molti
a few	_æ fyu:_	alcuni / qualche
a little	_æ litël_	un po'
a little bit	_æ litël bit_	un pochino
all	_O:l_	tutto
a kilo	_æ ki:lO_	un chilo
a pound	_æ paund_	una libbra (circa mezzo chilo)
a litre	_æ li:të_	un litro
half of	_Ha:f Ov_	la metà di, mezzo
a quarter of	_æ kuO:të Ov_	un quarto di
a piece of	_æ pi:s Ov_	un pezzo di
a pair of	_æ pEë Ov_	un paio di

IL TEMPO

L'ora

an hour	*æn auë*	un'ora
a minute	*æ minit*	un minuto
a second	*æ sEkënd*	un secondo
half an hour	*Ha:f æn auë*	una mezz'ora
quarter of an hour	*kuO:të Ov æn auë*	un quarto d'ora
on time	*On taim*	puntuale, in tempo

What time is it please?
uOt taim i:S it pli:S
Che ora è, per cortesia?

Do you have the time please?
du: yu: Hæv DHë taim pli:z
Ha l'ora, per cortesia?

It is late / early.
it iS lEit / ë:li
È tardi / presto.

The train is late.
DHë trEin iS lEit
il treno è tardi
Il treno è in ritardo.

The train arrived on time.
DHë trEin ëraivd On taim
il treno arrivò su tempo
Il treno è arrivato in orario.

Dire l'ora

Per la prima mezz'ora (es. le 9 e 10), si dicono prima i minut (**ten**, *dieci*), poi **past**, *passato*, *dopo*, e infine le ore (**nine** *nove*): **ten past nine**, letteralmente "dieci dopo nove".

Per la seconda mezz'ora (es. le 9 e 40) si dicono i minuti che mancano all'ora seguente (**twenty**, *venti*), poi **to**, *a*, e infine l'ora successiva (**ten**, *dieci*): **twenty to ten**, letteralmente "vent a dieci".

It's…
its
Sono…

2:20	**twenty (minutes) past two**	
	("**minutes**" è facoltativo)	
	tuEnti (minits) pa:st tu:	
	venti (minuti) dopo due	
	le due e venti	

11:15	**quarter past eleven**	
	kuO:të pa:st ilEvën	
	quarto dopo undici	
	le undici e un quarto	

17:30	**half past five / five thirty**	
	Ha:f pa:st faiv / faiv THë:ti	
	mezza dopo cinque / cinque trenta	
	le cinque e mezza / le cinque e trenta	

15:45	**quarter to four**	
	kuO:të të fO:	
	quarto a quattro	
	le quattro meno un quarto	

12:00	**twelve o'clock**	
	(per l'ora in punto, "**o'clock**" è obbligatorio)	
	tuElv ëklOk	
	dodici di-orologio	
	le dodici (in punto)	

noon / midday	*nu:n / middEi*	mezzogiorno
midnight	*midnait*	mezzanotte

It's midday / midnight.
its middEi / midnait
È mezzogiorno / mezzanotte.

Notate che per indicare orari precisi, come quello ferroviario
per esempio, si usa un'espressione molto simile alla nostra:

5:31	**five thirty one**	
	faiv Thë:ti uan	
	cinque trenta uno	
	le cinque e trentuno	

Gli Inglesi contano le ore sempre da 0 a 12 e non da 0 a 24 come noi. Se è mattino aggiungiamo all'ora l'indicazione **a.m.** *Ei Em* (da *ante meridiem*); di pomeriggio aggiungeremo invece **p.m.** *pi: Em* (da *post meridiem*). Per esempio: **4 a.m.**, *le quattro* (del mattino); **4 p.m.**, *le sedici*.

Espressioni di tempo

date	*dEit*	data
day	*dEi*	giorno
month	*manTH*	mese
today	*tëdEi*	oggi
tomorrow	*tëmOrou*	domani
week	*ui:k*	settimana
yesterday	*yEstëdEi*	ieri

Le parti del giorno

(in the) morning	*in DHë mO:ning*	(al) mattino, (di) mattino
this morning	*DHis mO:ning*	questa mattina
(at) lunchtime	*æt lanc'taim*	(all') ora di pranzo
(in the) afternoon	*in DHi: a:ftënu:n*	(di) pomeriggio
evening	*i:vning*	sera
tonight	*tënait*	questa sera
(in the) night	*in DHë nait*	(di) notte

I giorni della settimana

Monday	*mandEi*	lunedì
Tuesday	*tyu:SdEi*	martedì
Wednesday	*uEnSdEi*	mercoledì
Thursday	*THë:SdEi*	giovedì
Friday	*fraidEi*	venerdì
Saturday	*sætëdEi*	sabato
Sunday	*sandEi*	domenica

Notate che in inglese **on Monday** On *mandEi* significa "lunedì prossimo" mentre **on Mondays** On *mandEiS* vuol dire "tutti i lunedì, di lunedì, il lunedì" :

On Monday I am going to the cinema.
On *mandEi ai æm goinᵍ* të DHë *sinëma*
su lunedì io sono andando a il cinema
Lunedì (prossimo) vado al cinema.

On Mondays I play football.
On *mandEiS ai plEi futbO:l*
Il lunedì gioco a calcio.

See you on Monday!
si: yu: On *mandEi*
vedere voi / te a lunedì
Arrivederci a lunedì prossimo!

I play football every Saturday.
ai plEi futbO:l Evri sætëdEi
Gioco a calcio tutti i sabati.

Attenzione: i giorni della settimana e i mesi si scrivono sempre con la lettera maiuscola.

SEE YOU ON MONDAY!
(Arrivederci a lunedì prossimo!)

I mesi

January	*giænyuëri*	gennaio
February	*fEbyuëri*	febbraio
March	*ma:c'*	marzo
April	*ëipril*	aprile
May	*mEi*	maggio
June	*giu:n*	giugno
July	*giulai*	luglio
August	*O:ghëst*	agosto
September	*sëptEmbë*	settembre
October	*Oktoubë*	ottobre
November	*nOvEmbë*	novembre
December	*disEmbë*	dicembre

Le stagioni

season	*si:Sën*	stagione
spring	*sprinᵍ*	primavera
summer	*samë*	estate
autumn	*O:tëm*	autunno
winter	*uintë*	inverno

BUON VIAGGIO!

Dov'è… / Dove si trova?

In tutte le città della Gran Bretagna troverete un ufficio del turismo dove potrete procurarvi una pianta del luogo. A Londra ci sono anche dei distributori automatici di mappe nelle stazioni della metropolitana. Se, ciò nonostante, non riuscite a orientarvi, non esitate a chiedere aiuto a un passante. Ecco alcune frasi che vi potranno essere utili:

Per strada

Excuse me, where is … please?
ekskyuS mi: uEë iS pli:S
Mi scusi, dov'è …, per cortesia?

Could you tell me the way to…?
kud yu: tEl mi: DHë uEi të:
Potrebbe indicarmi la strada per…?

the tourist office	DHë tu:rist Ofis	l'ufficio del turismo
the train station	DHë trEin stEishën	la stazione ferroviaria
the travel agency	DHë trævEl Eigënsi	l'agenzia di viaggi
the town centre	DHë taun sEntë	il centro città
a car park	æ ka: pa:k	un parcheggio
near	nië	vicino
far	fa:	lontano
on the right	on DHë rait	a destra
on the left	on DHë lEft	a sinistra
traffic lights	træfik laits	semaforo
pedestrian crossing	pEdEstri:ën krOssingⁿ	passaggio pedonale
straight on	strEit On	sempre dritto
in front of	in frOnt Ov	davanti
behind	biHaind	dietro
opposite	OpësSit	di fronte a
next to	nEkst të	accanto a

It's over there, on the right.
its Ouvë DHEë On DHë rait
esso-è sopra là su la destra
È laggiù, a destra.

Turn left into Queen Street.
të:n lEft intë kui:n stri:t
girate sinistra in regina strada
Svolti a sinistra in Queen Street.

Go straight on, it's opposite the church.
gOu strEit On its Opëzit DHë cë:c'
andate dritto su, esso-è opposto la chiesa
Vada sempre dritto, è di fronte alla chiesa.

In aereo

Poiché la Gran Bretagna è un'isola, è normale che la sua
rete di trasporti aerei sia molto avanzata. Quasi tutte le città
hanno il loro aereoporto e quelli più grandi (come Heathrow,
Gatwick e Manchester) sono un po' come delle cittadine, con
un'ampia scelta di negozi e ristoranti e, a volte, persino saloni
di bellezza e parrucchieri!

I'd like to book a (return) flight to Manchester.
aid laik të buk æ ritë:n flait të mæncEstë
io [aus. **would**] vorrei prenotare un (ritorno) volo per Manchester
Vorrei prenotare un volo (di andata e ritorno) per Manchester.

Is there a stopover in Paris?
iS DHEë æ stOp-ouvë in pæris
è là una sosta in Parigi
Fa scalo a Parigi?

Is there a connecting flight to Edinburgh?
iS DHEë æ kënEkting flait të Edinbrë
è là un connettente volo per Edimburgo
C'è una coincidenza per Edimburgo?

I have to cancel my flight.
ai Hæv të kænsel mai flait
io ho da annullare mio volo
Devo annullare il mio volo.

Non basta avere l'orario dei voli: bisogna anche saperne decifrare le principali informazioni e abbreviazioni:

arr = arrival	*ëraivël*	arrivo
daily (ex Sa)	*dEili iksEpt sætëdEiS*	giornaliero (escluso il sabato)
dep = departure	*dipa:cë*	partenza
frequency	*fri:kuEnsi*	frequenza
non stop	*nOn-stOp*	diretto, senza scalo

I grandi aeroporti britannici (come per esempio Heathrow a Londra, che vanta quattro terminal e accoglie 63 milioni di passeggeri l'anno) potranno sembrarvi sbalorditivi, soprattutto se non siete abituati a prendere l'aereo.

Il primo impatto con gli annunci (spesso incomprensibili) diffusi dagli altoparlanti, con i check-in, le sale d'imbarco, i tabelloni ecc. può essere un po' stressante… Ecco alcuni termini che vi aiuteranno a decifrare i dati relativi alla vostra partenza esposti sul tabellone che riporta la scritta **departures**:

cancelled	*kænsëld*	cancellato
delayed	*dilEid*	in ritardo
estimated time	*EstimEitid taim*	ora prevista
flight number	*flait nambë*	volo numero
gate	*ghEit*	uscita, gate
on time	*On taim*	in orario
scheduled time	*skEdiuld taim*	orario

Cercate di ricordare i termini seguenti, anche (ma non solo) per capire meglio le informazioni diffuse dagli altoparlanti!

airport	*Eëport*	aeroporto
air-sickness	*Eë siknes*	mal d'aria
announcement	*ёnaunsmёnt*	annuncio
arrival	*ёraivёl*	arrivo
booking	*buking*	prenotazione
counter	*kauntё*	sportello
crew	*kru:*	equipaggio
departure	*dipa:cё*	partenza
departure lounge /	*dipa:cё laung' /*	sala d'attesa
hall	*HO:l*	
destination	*dEstinEishёn*	destinazione
emergency exit	*imё:gёnsi Eksit*	uscita d'emergenza
exit	*Eksit*	uscita
flight	*flait*	volo
information desk	*infёmEishёn dEsk*	banco informazioni
landing	*lænding*	atterraggio
luggage / baggage	*laghig' / bæghig'*	bagagli
passenger	*pæssengё*	passeggero
return flight	*ritё:n flait*	volo di ritorno
take off	*tEik Of*	decollo
timetable	*taimtEibёl*	orario
to fly	*tё flai*	volare
to land	*tё lænd*	atterrare
to take off	*tё tEik Of*	decollare

In treno e in autobus

Il treno è un ottimo mezzo per visitare il Paese. La ret
serve sia le grandi città che i paesini; inoltre i paesagg
che attraverserete sono magnifici. Alcune linee hanno un
lunga e ricca storia ed è ancora possibile salire su un tren
a vapore, per esempio sulla linea fra Settle e Carlisle, ne
nord dell'Inghilterra.

La rete ferroviaria britannica è stata privatizzata qualche anno fa e, da allora, le varie regioni non sono più servite da una sola azienda. Perciò, se viaggiate molto all'interno del Paese, non sorprendetevi se prendete un treno di una compagnia diversa ogni volta. I biglietti di qualunque compagnia si possono comunque acquistare presso tutti gli sportelli di tutte le stazioni. Per i giovani da 16 a 25 annni, la "**Young Persons Railcard**" *yanᵍ pë:sënS rEilka:d, Carta Giovani* propone tariffe vantaggiose. Per i soggiorni più lunghi sono consigliabili i biglietti "**Eurail**" *iurEil* e "**Interrail**" *intërEil*.

L'avvento dei treni "**Eurostar**" ha collegato le Isole britanniche all'Europa continentale e, passando sotto la Manica, ci vogliono solo 2 ore e 35 minuti per andare, per esempio, da Parigi a Londra. Purtroppo, però, i treni ad alta velocità non circolano in tutto il Paese. Per viaggiare tranquilli vi conviene salire sui "**quiet carriages**" *kuaiët kærigiS*, (lett. "vetture silenziose"), nei quali l'uso di cellulari e walkman è severamente vietato, come è vietato fumare in tutta la rete ferroviaria.

Do I need to make a seat reservation?
du: ai ni:d të mEik æ si:t rESëvEishën
[aus. **do**] io ho-bisogno di fare un sedile prenotazione
Devo prenotare un posto a sedere?

Yes, would you like a window seat or an aisle seat?
yEs, ud yu: laik æ uindou si:t O: æn ail si:t
sì [aus. **would**] voi amereste un finestra sedile o un corridoio sedile
Sì, preferisce un posto vicino al finestrino o vicino al corridoio?

How much is a Young Persons Railcard?
Hau mac' iS æ yanᵍ pë:sënS rEilka:d
come molto è una giovane persona ferrovia carta
Quanto costa una Carta Giovani?

aisle seat	_ail si:t_	posto vicino al corridoio
fast train	_fa:st trEin_	treno espresso
platform	_plætfO:m_	binario
sleeper train	_sli:pëtrEin_	vagone letto
train station	_trEin stEishën_	stazione ferroviaria
train	_trEin_	treno
window seat	_uindou si:t_	posto vicino al finestrino
Young Persons Railcard	_yang pë:sënS rEilka:d_	Carta Giovani (rete ferroviaria)

Una buona alternativa al treno è costituita dal "National Express", la rete nazionale dei pullman. Meno cari, ma spesso anche meno rapidi dei treni, i pullman collegano la maggior parte delle città della Gran Bretagna. Non mancano tariffe vantaggiose per i giovani anche con questo tipo di trasporto. Ogni città è servita da una o più compagnie che permettono di spostarsi senza difficoltà nella regione.

Where is the bus stop / the station?
uEë iS DHë bas stOp / DHë stEishën
Dov'è la fermata dell'autobus / la stazione?

A ticket to Bristol, please.
ë tikEt të bristël pli:S
Un biglietto per Bristol, per favore.

How much is a ticket to…?
Hau mac' iS ë tikEt të
quanto molto è un biglietto a
Quanto costa un biglietto per…?

When is there a bus / train to…?
uEn iS DHEë ë bas / trEin të
quando è là un bus / treno per
Quando c'è un autobus / treno per…?

Could you tell me when we get to...?
kud yu: tEl mi: uEn ui: ghEt të
Potrebbe dirmi quando arriviamo a... ?

Where do I have to change?
uEë du: ai Hæv të cEing'
dove [aus. **do**] io ho a cambiare
Dov'è che devo cambiare?

What platform does the train to... leave from?
uOt plætfO:m daS DHë trEin të... li:v frOm
che binario [aus. **does**] il treno per ... parte da
Da che binario parte il treno per... ?

coach station	*kouc' stEishën*	autostazione
coach	*kouc'*	pullman
direction	*dirEkshën*	direzione
driver	*draivë*	conducente
fare	*fEë*	tariffa
return	*ritë:n*	andata e ritorno
seat reservation	*si:t rESëvEishën*	prenotazione
single	*singhël*	sola andata
terminus	*të:minës*	capolinea
Young Persons	*yang pë:sënS*	Carta Giovani
Coachcard	*kouc'ka:d*	(rete dei pullman)

Viaggiare in auto

Ricordate che i Britannici guidano tenendo la sinistra e che sono molto fieri di questa loro peculiarità! Se vi capita, non perdete l'occasione di guidare anche voi, perché l'auto è il modo migliore per scoprire i segreti e la bellezza della campagna con i suoi paesini tipici e i suoi parchi splendidi e immensi, attraversati da stradine pittoresche. Inoltre le strade sono molto ben tenute e i Britannici sono molto tranquilli alla guida, perciò approfittatene per ammirare il paesaggio!

Generalmente è molto facile noleggiare un'automobile (a patto che abbiate più di 21 anni). I prezzi sono elevati (come quello della benzina), ma i pedaggi autostradali costano assai meno che in Italia. I distributori di benzina sono numerosi, ma fate attenzione: se avete bisogno di un meccanico, sappiate che le autorimesse sono ben più rare.

I'd like to hire a car.
aid laik të Haië æ ka:
Vorrei noleggiare un'auto.

How much is the deposit?
Hau mac' iS DHë dipOSit
come molto è il deposito
Quanto costa la cauzione?

Does the car take unleaded petrol or diesel?
daS DHë ka: tEik anlEdid pEtrël or di:Sël
[aus. **does**] l'auto prende senza-piombo benzina o gasolio
L'auto va a benzina senza piombo o a gasolio?

to hire / to rent	*të Haië/ të rEnt*	noleggiare
unlimited mileage	*anlimitëd mailig'*	chilometraggio illimitato
excess	*EksEs*	franchigia
insurance	*inshurëns*	assicurazione
CD player	*si:-di: plEië*	lettore CD
damage	*dæmig'*	danni
theft	*THEft*	furto

In caso di avaria in autostrada, servitevi dei telefoni gialli che troverete ai bordi della carreggiata: vi permetteranno di contattare direttamente il soccorso stradale. Ecco alcune frasi utili per non rimanere a piedi:

Where's the nearest petrol station?
uEëS DHë ni:rëst pEtrël stEishën
dove-è la più-vicina benzina stazione
Dov'è il distributore più vicino?

The battery is flat.
DHë bætëri iS flæt
La batteria è scarica.

WHERE'S THE NEAREST PETROL STATION?
(Dov'è il distributore più vicino?)

Can you check the oil / battery / tyre pressure?
kæn yu: cEk DHi oil / bætëri / taïë prEshë
Può controllare l'olio / la batteria / la pressione delle gomme?

My car has broken down!
mai ka: HæS broukën daun
mia auto ha rotto giù
La mia auto è in panne!

My car needs to be towed.
mai ka: ni:dS të bi: toud
mia auto ha-bisogno essere rimorchiata
La mia auto dev'essere rimorchiata.

I've had an accident, please call the police!
aiv Hæd æn æksidEnt pli:S kO:l DHë pëli:s
Ho avuto un incidente, chiami la polizia, per favore!

brakes	*brEiks*	freni
clutch	*klac'*	frizione
diesel	*di:Sël*	gasolio
driving licence	*draivinᵍ laisëns*	patente di guida
engine	*Engin*	motore
gear	*ghië*	marcia (del cambio)

headlight	_hEdlait_	fanale
motorway	_motëruEi_	autostrada
petrol	_pEtrël_	benzina
road sign	_roud sain_	segnale stradale
steering wheel	_sti:ringʷ ui:l_	volante
traffic lights	_træfik laits_	semaforo
unleaded petrol	_anlEdid pEtrël_	benzina senza piombo
windscreen	_uindskri:n_	parabrezza

In nave

Se avete voglia di vedere da vicino le bianche scogliere di Dover, prendete uno dei grandi traghetti che collegano la Gran Bretagna al resto d'Europa e usate queste frasi per non affogare in un bicchier d'acqua!

When does the boat leave?
uEn daS DHë bout li:v
quando [aus. **does**] la nave parte
Quando salpa la nave?

How long does the crossing take?
Hau lOng daS DHë krOssingʷ tEik
quanto lungo [aus. **does**] la traversata prende
Quanto dura la traversata?

boat	_bout_	nave
coast	_koust_	costa
crossing	_krOssingʷ_	traversata
ferry	_fEri_	traghetto
harbour	_Ha:bë_	porto
lifeboat	_laifbout_	battello di salvataggio
lifejacket	_laifgiækEt_	giubbotto di salvataggio
yacht	_yOt_	yacht

I feel a bit seasick.
ai fi:l æ bit si:sik
io sento un po' mare-malato
Ho un po' di mal di mare.

Maybe you should go outside and get some fresh air.
mEibi: yu: shud gou autsaid ænd ghEt sOm frEsh Eë
può-essere tu dovresti andare fuori e prendere un-po' fresca aria
Forse dovresti uscire e prendere un po' d'aria fresca.

Yes, I think that would help.
yEs ai THink DHæt ud hElp
sì penso quello aiuterebbe
Sì, penso che mi farebbe bene.

Be careful not to fall overboard!
bi: kEëfël nOt të fO:l ouvëbO:d
essere prudente non cadere sopra-bordo
Fa' attenzione a non cadere in mare!

Fare l'auto-stop

In Gran Bretagna l'autostop non si pratica più, perciò rischie-
reste di aspettare per un bel pezzo al bordo della strada, ma se
vi viene offerto un passaggio, eccovi un paio di frasi-chiave:

Can you give me a lift to…?
kæn yu: ghiv mi: æ lift të
potete voi dare me un passaggio a
Può darmi un passaggio fino a… ?

Please drop me off at the train station.
pli:S drOp mi: Of æt DHë trein stEishën
per-favore fa-cadere me via a la treno stazione
Per favore, mi faccia scendere alla stazione ferroviaria.

Il clima in Gran Bretagna è molto temperato. Se è vero che piove assai frequentemente, è anche vero che si possono ammirare paesaggi meravigliosi e verdeggianti!
In ogni caso, qualche termine meteorologico vi permetterà di avviare agevolmente una conversazione con un suddito di Sua Maestà senza contravvenire alle norme della buona creanza britannica.

Beautiful day, isn't it?
biu:tifël dEi iSënt it
bella giornata non-è esso
Bella giornata, vero?

What awful weather!
uOt O:ful uEDHë
Che tempaccio!

Looks like rain, doesn't it?
luks laik rEin daSënt it
guarda come pioggia non-fa esso
C'è aria di pioggia, vero?

It's very hot today.
its vEri HOt tëdEi
Oggi fa molto caldo.

cloud	*klaud*	nuvola
cloudy	*klaudi*	nuvoloso
cold	*kould*	freddo
fog	*fOg*	nebbia
hail	*hEil*	grandine
hat	*Hæt*	cappello
hot	*HOt*	caldo
lightning	*laitning*	fulmine
mist	*mist*	foschia
rain coat	*rEin kOut*	impermeabile

rain	_rEin_	pioggia
snow	_snOu_	neve
storm	_stO:m_	tempesta
sun cream	_san kri:m_	crema solare
sun	_san_	sole
thunder	_THandë_	tuono
umbrella	_ambrElë_	ombrello
wind	_uind_	vento

IL DENARO

La Gran Bretagna fa parte dell'Unione Europea, ma non ha ancora adottato l'euro. La moneta nazionale resta la sterlina (£). Una sterlina, **one pound** _uan paund_, si divide in 100 **pence** _pEns_ (p) ed è emessa in banconote da £5, £10, £20, £50 e £100 e in monete da £1 e £2. Esistono anche monete da 50p, 20p, 10p, 5p, 2p e 1p. Su ciascuna banconota o moneta è riprodotta l'effigie della Regina da una parte e immagini diverse, a seconda del valore, dall'altra. La Scozia ha stampato banconote proprie che hanno lo stesso valore di quelle inglesi, ma disegni diversi. Di norma, i due tipi di biglietti sono accettati ovunque, ma talvolta i commercianti inglesi al minuto sono restii ad accettare le banconote scozzesi da £1 perché il biglietto inglese equivalente non esiste più da qualche anno.

In genere le banche sono aperte dalle 9 alle 17 dal lunedì al venerdì e dalle 9 alle 13 il sabato. In città troverete senza alcun problema una banca con un ufficio cambi. Spesso si può anche cambiare denaro nelle agenzie di viaggio o nei grandi uffici postali, che in tal caso recheranno la scritta "**bureau de change**" o semplicemente "**change**". Inoltre ci sono ovunque dei distributori automatici che, al pari dei negozi, accettano le carte di credito internazionali.

bank	bænk	banca
cash machine	kæsh mëshi:n	sportello automatico
change	cEing'	ufficio cambi, spiccioli, resto
cheque	cEk	assegno
coin	kOin	moneta
note	nout	banconota
travel agent	trævël EigEnt	agenzia di viaggio
post office	poust Ofis	ufficio postale

Can I change a traveller's cheque?
kæn ai cEing' æ trævlëS cEk
posso io cambiare un viaggiatore-di assegno
Posso cambiare un traveller's cheque?

Do you have change for a 50 pound note?
du: yu: Hæv cEing' fO: æ fifti paund nout
[aus. **do**] voi avete cambio per un cinquanta sterlina biglietto
Ha da cambiare un biglietto da 50 sterline?

DO YOU HAVE CHANGE FOR A 50 POUND NOTE?
(Ha da cambiare un biglietto da 50 sterline?)

Do you take credit cards?
du: yu: tEik krEdit ka:dS
[aus. **do**] voi prendete credito carte
Accettate le carte di credito?

Is there a cash machine near here?
iS DHEë æ kæsh mëshi:n nië Hi:ë
è là un contante macchina vicino qui
C'è uno sportello automatico qui vicino?

Le mance

Si usa lasciare una mancia dal 10 al 15% nei ristoranti, a meno che il vostro **bill**, *conto* non rechi la scritta "**service included**" *së:vis inklu:did, servizio compreso*. D'altra parte, lasciare una mancia ai camerieri dei pub o ai tassisti non è obbligatorio, ma è sempre cosa gradita!

Il gergo dei soldi

Come in italiano, anche in inglese c'è tutta una serie di parole gergali che riguardano il denaro. Questi termini si usano frequentemente, perciò è utile conoscerli:

cash	*kæsh*	contanti, liquidi
dosh	*dOsh*	quattrini
dough	*dOu:*	grano
p	*pi:*	pence
quid	*kuid*	sterlina
stingy	*stingi*	avaro, tirchio
It's a bargain!	*its æ ba:ghin*	È un affare!
It's a rip off!	*its æ rip Of*	È una rapina!
I'm skint.	*aim skint*	Sono al verde.
I'm loaded.	*aim loudid*	Sono ricco sfondato.

In qualunque regione della Gran Bretagna disporrete d'una vasta scelta per quanto riguarda i luoghi dove alloggiare (dai dormitori di un ostello della gioventù ai castelli scozzesi del XVII secolo, passando per gli alberghi, gli agriturismi e i "**B&B**" bi: ænd bi:). B&B sta per "**bed and breakfast**", *letto e prima colazione*. Si tratta di piccoli alberghi a gestione familiare o pensioni che vi offrono un'accoglienza calorosa e tipicamente britannica a prezzi più convenienti di quelli degli hotel. Li troverete sia in città che in campagna, spesso nelle vicinanze dei grandi alberghi. Per chi dispone di un budget molto limitato – perché è bene sapere che l'alloggio, soprattutto a Londra, è piuttosto caro – ci sono gli "**youth hostels**", *ostelli della gioventù*, dove i "**backpackers**" (i saccopelisti) possono scegliere fra un letto di un dormitorio e una camera singola. In estate, i campeggi e le aree per camper in riva al mare sono pieni di villeggianti che si godono l'aria aperta. Il non plus ultra sono gli agriturismi e i castelli, spesso circondati da bei giardini all'inglese, luoghi splendidi per riposare tranquillamente in campagna.

Eccovi un po' di frasi per aiutarvi a trovare alloggio:

I'd like to book a double room please.
aid laik të buk æ dabël ru:m pli:S
io [aus. **would** contratto] amerei prenotare una doppia camera per-favore
Vorrei prenotare una camera doppia, per cortesia.

For how many nights?
fO: Hau mEni naits
Per quante notti?

For three nights / two weeks please.
fO: THri: naits / tu: ui:ks pli:S
Per tre notti / due settimane, per favore.

How much is a single room?
Hau mac' iS æ singhël ru:m
come molto è una singola camera
Quanto costa una camera singola?

Is breakfast included?
iS brEkfëst inklu:did
è colazione inclusa
La colazione è compresa?

Does the room have a bath / shower?
daS DHë ru:m Hæv æ bæTH / shauë
[aus. **do**] la camera ha un bagno / doccia
La camera è con bagno / doccia?

Do you have a pitch for a small tent?
du: yu: Hæv æ pic' fO: æ smO:l tEnt
[aus. **do**] voi avete un posto per una piccola tenda
C'è posto per una piccola tenda?

bathroom	*bæTHru:m*	bagno
bed	*bEd*	letto
blanket	*blænkit*	coperta
campsite	*kæmpsait*	campeggio, camping
corridor	*kOridO:r*	corridoio
key	*ki:*	chiave
lift	*lift*	ascensore
quilt	*kuilt*	piumone
reception	*risEpshën*	reception
sheet	*shi:t*	lenzuolo
towel	*tauël*	asciugamano

Una volta che sarete arrivati in albergo, vi sarà certamente chiesto di compilare un modulo:

Please complete this form.
pli:S kOmpli:t DHis fO:m
Riempia questo modulo, per cortesia.

check in	cEk in	registrazione
check out	cEk aut	pagamento
block capitals	blOk kæpitëlS	lettere in stampatello
surname	së:nEim	cognome
first name	fë:st nEim	nome (di battesimo)
home address	Houm ëdrEs	indirizzo di casa
date of arrival	dEit Ov ëraivël	data d'arrivo
number of nights	nambë Ov naits	numero di notti
car registration n°	ka: rEgistrEishën nambë	carta di circolazione n°
nationality	næshënæliti	nazionalità
passport number	pæsspO:t nambë	passaporto n°
issued at	ishu:d æt	rilasciato a

Un altro termine utile è **check out time**, ovvero l'ora in cui bisogna lasciare la camera.

LO SHOPPING

In vacanza si passa generalmente parecchio tempo a fare spese e a visitare i negozi di souvenir. In Gran Bretagna le "tentazioni" di questo tipo sono molte: avrete modo di vedere, dai grandi centri alle piccole vie commerciali, che anche lo shopping è uno degli sport nazionali, soprattutto durante la stagione dei saldi che va da gennaio a luglio!

I souvenir, i vestiti, i gioielli artigianali... c'è tutto quello che serve per ricordarvi delle belle vacanze trascorse in Gran Bretagna una volta rientrati: persino gli emblemi dell'Union Jack, se volete.

Do you sell postcards?
du: yu: sEl pO:stka:dS
[aus. **do**] voi vendete cartoline
Vende delle cartoline?

Can I try this on?
kæn ai trai DHis On
posso io provare questo su
Posso provarlo?

Yes, the changing rooms are over there.
yEs DHë cEingin⁹ ru:mS a: ouvë DHEë
sì le cambianti stanze sono su là
Sì, i camerini sono là.

Do you have this shirt in blue?
du: yu: Hæv DHis shë:t in blu:
[aus. **do**] voi avete questa camicia in blu
Questa camicia è disponibile in blu?

No, but we have it in red.
nou bat ui: Hæv it in rEd
No, ma ce l'abbiamo rossa.

Do you have these shoes in a bigger size?
du: yu: Hæv DHi:S shu:S in æ bighë saiS
[aus. **do**] voi avete queste scarpe in una più-grande taglia
Queste scarpe sono disponibili in una misura più grande?

How much is it?
Hau mac' i:S it
come molto è esso
Quanto costa?

It's too big.
its tu: big
È troppo grande.

It doesn't suit me.
it daSënt su:t mi:
Non mi sta bene.

I colori

beige	*bEj*	beige
black	*blæk*	nero
blue	*blu:*	blu
brown	*braun*	marrone
green	*gri:n*	verde
grey	*grEi*	grigio
off white	*Of uait*	biancastro
pink	*pink*	rosa
red	*rEd*	rosso
violet	*vaiëlEt*	viola
white	*uait*	bianco
yellow	*yElou*	giallo
dark	*da:k*	scuro
light	*lait*	chiaro
stripes	*straips*	strisce
dots	*dots*	punti

Espressioni utili

cheap	*ci:p*	conveniente
expensive	*ikspEnsiv*	caro
sales	*sEilS*	saldi
shop	*shOp*	negozio
to buy	*të bai*	comprare
to go shopping	*të gou shoping*	fare spese
to sell	*të sEl*	vendere

Negozi e negozianti

baker	*beikë*	fornaio
butcher	*bucë*	macellaio
department store	*dipa:tmënt stO:*	grandi magazzini
DIY store	*di: ai uai stO:*	negozio di bricolage
dry cleaner	*drai kli:në*	lavanderia a secco

grocery store	_grouséri stO:_	drogheria
jeweller	_giuélë_	gioielliere, orefice
optician	_Optishën_	ottico
shoe shop	_shu: shOp_	negozio di calzature
souvenir shop	_su:vënië shOp_	negozio di souvenir
stationer	_stEishënë_	cartolaio
supermarket	_su:pëma:kët_	supermercato

I vestiti

belt	_bElt_	cintura
coat	_kout_	cappotto
dress	_drEs_	abito da donna
hat	_Hæt_	cappello
jumper	_giampë_	pullover
scarf	_ska:f_	sciarpa
shirt	_shë:t_	camicia
shoes	_shu:S_	scarpe
skirt	_skë:t_	gonna
socks	_sOks_	calze
trousers	_trauSëS_	pantaloni
t-shirt	_ti:shë:t_	maglietta

I gioielli

bracelet	_brEislët_	braccialetto
diamond	_daimënd_	diamante
earrings	_i:ringS_	orecchini
gold	_gould_	oro
necklace	_nEklës_	collana
ring	_ring_	anello
silver	_silvë_	argento
watch	_uOc'_	orologio

keyring	_ki:rin⁹_	portachiavi
purse	_pë:s_	portamonete
t-shirt	_ti:shë:t_	maglietta
pen	_pEn_	penna
pencil case	_pEnsil kEis_	astuccio, portamatite
paper weight	_pEipë uEit_	fermacarte
cuddly toy	_kadli tOi_	peluche (lett. giocattolo tenero)

AL SUPERMERCATO

Nei supermercati troverete non solo tutti i prodotti alimentari tipicamente britannici, ma anche una vasta scelta di prodotti stranieri, riflesso della vita cosmopolita del Paese. In città i mercati sono l'ideale per trovare prodotti locali freschi e a poco prezzo.

aisle	_ail_	corsia
basket	_baskët_	cesto
fresh	_frEsh_	fresco
frozen	_frouSën_	surgelato
market	_ma:kët_	mercato
supermarket	_su:pë ma:kët_	supermercato
trolley	_trOli_	carrello
delicatessen	_dElikætEssën_	reparto gastronomia
fish counter	_fish kauntë_	reparto pescheria
cheese counter	_ci:S kauntë_	banco dei formaggi

(per gli alimentari vedi anche il paragrafo "**Bere e mangiare**")

I'd like half a pound of cheddar cheese please.
aid laik ha:f æ paund Ov cEdë ci:S pli:S
io [aus. **would**] amerei mezzo una libbra di cheddar formaggio per-favore
Vorrei due etti e mezzo di formaggio Cheddar, per cortesia.

I'd like four slices of ham please.
aid laik fO: slaissiS Ov Hæm pli:S
Vorrei quattro fette di prosciutto, per favore.

BERE E MANGIARE

Come tutti sanno, la cucina britannica non gode di buona reputazione e viene associata istintivamente a piatti quantomeno eccentrici come la **jelly**, *gelatina*, dai colori psichedelici. Ebbene, anche i Britannici non mangiano più gelatina dopo l'infanzia e, contrariamente ai preconcetti più diffusi, in Gran Bretagna si può mangiare assai bene.
Ecco una piccola panoramica gastronomica per non morire di fame e, perché no, per mangiare di gusto!

La colazione

Se soggiornate in un albergo o in un B&B, spesso potrete scegliere tra un **continental breakfast** *kOntinEntël brEkfëst* e un **full English breakfast** *ful inglish brEkfëst*. Il primo, ben più leggero del secondo, è composto da pane, prosciutto, formaggio, frutta e yogurt, mentre la colazione inglese "completa" vi darà tutto quello che vi serve per cominciare bene la giornata e per sentirvi in forma anche dopo aver passeggiato a lungo. Scegliete dunque il **full English** con salsicce, pancetta, uova al tegamino, fagioli al sugo, pomodori, funghi, pane tostato… insomma, un pasto completo!

Would you like scrambled eggs or fried eggs?
ud yu: laik skræmblëd EgS O: fraid EgS
[aus. **would**] voi amate strapazzate uova o fritte uova
Desidera le uova strapazzate o al tegamino?

Scrambled eggs please.
skræmbl̈ed EgS pli:S
Uova strapazzate, grazie.

Do you have any apple juice?
du: yu: Hæv Eni æp̈el giu:s
[aus. **do**] voi avete alcuno mela succo
Avete del succo di mela?

Yes, we have apple juice or orange juice.
yEs ui: Hæv æp̈el giu:s O: Orëng' giu:s
Sì, abbiamo del succo di mela o d'arancia.

bacon	*bEik̈en*	pancetta
baked beans	*bEikd bi:nS*	fagioli stufati
bread	*brEd*	pane
coffee	*kOfi:*	caffè
fruit juice	*fru:t giu:s*	succo di frutta
fruit	*fru:t*	frutta
mushrooms	*mashru:mS*	funghi
sausage	*sOssig'*	salsiccia
tea	*ti:*	tè
toast	*tost*	pane tostato
tomato	*tOma:tou*	pomodoro
yoghurt	*yOghët*	yogurt

A mezzogiorno

Il pranzo, **lunch** *lanc'*, era tradizionalmente il pasto principale della giornata, ma in seguito ai cambiamenti legati al ritmo della vita lavorativa sono sempre di meno i Britannici che consumano un pasto completo a mezzogiorno. Perciò all'ora di pranzo è di rigore il sandwich (che deve il suo nome al Conte della città di Sandwich: lo inventò lui, o meglio, lo fece inventare al suo cuoco per mangiare senza dover lasciare il tavolo da gioco). Dimenticate – per il momento – i croccanti filoni di pane e abbandonatevi alle gioie del pane in cassetta. I sandwich rappresentano la versione inglese del *fast food* e li troverete dappertutto, anche nelle farmacie e nelle stazioni di servizio. Ma se tutto questo non vi attrae per nulla, state tranquilli: spesso, nei pub, all'ora di pranzo si possono consumare pasti caldi a prezzi convenienti. Inoltre provate in riva al mare il **fish and chips**, *fish ænd cips* (pesce fritto e patatine), ovviamente con sale e aceto, all'inglese, il tutto avvolto nella carta del giornale locale!

pie	*pai*	torta
jacket potato	*giækEt pëtEitou*	patate in camicia
salad	*sælëd*	insalata
sandwich	*sænduic'*	sandwich
white bread	*uait brEd*	pane bianco
brown bread	*braun brEd*	pane integrale
sliced bread	*slaist brEd*	pane a fette
roll	*roul*	panino
tuna	*tunë*	tonno
ham	*Hæm*	prosciutto
cheese	*ci:S*	formaggio
butter	*batë*	burro
mayonnaise	*mayOnEiS*	maionese
cucumber	*kyukambë*	cetriolo
egg	*Eg*	uovo
lettuce	*lEtis*	lattuga

I'd like a cheese and ham sandwich please.
aid laik æ ci:S ænd Hæm sænduic' pli:S
Vorrei un sandwich con formaggio e prosciutto, per favore.

In white or brown bread?
in uait O: braun brEd
in bianco o marrone pane
Con pane bianco o integrale?

Brown bread please, without butter.
braun brEd pli:S uiDHaut batë
marrone pane per-favore senza burro
Con pane integrale e senza burro, grazie.

L'ora del tè

Il tradizionalissimo tè delle 16 è diventato più raro, di questi
tempi. Infatti se ne beve tutto il giorno: ogni persona ne con-
suma in media mille tazze all'anno! Si serve sempre con latte,
con zucchero o senza. Ricordatevi fin d'ora **milk? sugar?** *latte?
zucchero?* – due domande che vi verranno fatte spesso.

What would you like to drink?   **Tea please.**
uOt ud yu: laik të drink   *ti: pli:S*
cosa [aus. **would**] voi amereste bere   tè per-favore
Cosa desidera bere?   Del tè, grazie.

**WHAT WOULD YOU LIKE TO DRINK?
– TEA PLEASE.**
(Cosa desidera bere? – Del tè, grazie.)

With milk and sugar?
uiDH milk ænd shughë
Con latte e zucchero?

Milk and two sugars please.
milk ænd tu: shughëS pli:S
latte e due zuccheri per-favore
Con latte e due cucchiaini di zucchero, grazie.

cup of tea	*kap Ov ti:*	tazza di tè
milk	*milk*	latte
mug	*mag*	tazza
sugar	*shughë*	zucchero
tea leaves	*ti: li:vS*	foglie di tè
teabag	*ti:bæg*	bustina di tè
teapot	*ti:pOt*	teiera

Al ristorante

Quanto alla cena, non avrete che l'imbarazzo della scelta. Il lato cosmopolita della Gran Bretagna è onnipresente in campo gastronomico: ne sono una prova i ristoranti italiani, cinesi o tailandesi che troverete a ogni angolo di strada. Tuttavia, la cucina straniera più rappresentata è senza dubbio quella indiana, con i suoi innumerevoli ristoranti. Da qualche anno si può addirittura affermare che il **curry** *kari* è divenuto un piatto nazionale (non ufficialmente, beninteso).

Dopo avere a lungo pensato che la loro cucina non fosse certo degna di questo nome, oggi i Britannici riscoprono piatti locali da tempo dimenticati. Sulla scia di questa rivalutazione sono sorti parecchi ristoranti dove cuochi giovani e fantasiosi propongono una "nouvelle cuisine" britannica che reinventa felicemente ingredienti tradizionali come la cacciagione, le verdure invernali o le salse ai frutti estivi.

Sappiate inoltre che la Gran Bretagna vanta una lunga tradizione di dessert deliziosi! **Puddings** _pudingS_, **crumbles** _krambëlS_ e **cakes** _kEiks_, sempre nutrienti e ricchi di burro, vengono serviti caldi e accompagnati da un gelato o dal **custard** _kastëd_ – una crema inglese molto densa. Lasciatevi tentare da queste delizie, ma attenti alla linea: sono bombe caloriche!

In genere i Britannici cenano prima dei loro vicini europei e i ristoranti chiudono di solito fra le 23 e la mezzanotte. Ricordatevi di prenotare il vostro tavolo e precisate se ne volete uno **smoking** _smouking_, per fumatori, o **non smoking** _nOn smouking_, per non fumatori.
Difficilmente il cameriere parlerà italiano, per cui potranno esservi utili alcune frasi standard per passare bene la serata:

I'd like to book a table for four people for 8 o'clock please.
aid laik të buk æ tEibël fO: fO: pi:pël fO: Eit ëklOk pli:S
Vorrei prenotare un tavolo per quattro persone per le 8, grazie.

We would like to order.
ui: ud laik tu O:dë
Vorremmo ordinare.

Are you ready to order?
a: yu: rEdi të O:dë
Avete deciso cosa ordinare?

Yes, I'd like the steak please.
yEs, aid laik DHë stEik pli:z
Sì, vorrei una bistecca, per cortesia.

How would you like your steak?
Hau ud yu: laik yO: stEik
come [aus. **would**] voi amereste vostra bistecca
Come vuole la bistecca?

Rare / medium / well done please.
rEë/ mi:dyam / uEl dan pli:S
Al sangue / poco cotta / ben cotta, grazie.

Can we have the bill please?
kæn ui: Hæv DHë bil pli:S
possiamo noi avere il conto per-favore
Il conto, per favore.

In inglese non c'è un vero e proprio equivalente dell'espressione "buon appetito", ma vi capiterà di sentirvi dire:

Enjoy your meal!
EngiOi yo: mi:l
godete vostro pasto
Buon appetito!

bill	bil	conto
course	kO:s	piatto
dessert	diSë:t	dessert
main course	mEin kO:s	piatto principale
menu	mEnyu	menù
reservation	rESëvEishën	prenotazione
starter	sta:të	antipasto
table	tEibël	tavola

beef	bi:f	manzo
chicken	cikën	pollo
fish	fish	pesce
game	ghEim	cacciagione
lamb	læm	agnello
meat	mi:t	carne
noodles	nu:dëlS	tagliatelle, fettuccine
pasta	pæstæ	pasta
pork	pO:k	maiale
potatoes	pëtEitouS	patate
poultry	pultri	pollame

rice	_rais_	riso
salad	_sælëd_	insalata
soup	_su:p_	minestra
veal	_vi:l_	vitello
vegetables	_vEgitëbëlS_	verdure
vegetarian	_vEgëteriën_	vegetariano
venison	_veniSën_	carne di cervo

baked	_bEikd_	cotto
roast	_roust_	arrosto
fried	_fraid_	fritto
rare	_rEë_	al sangue
medium	_mi:dyæm_	poco cotto
well done	_uEl dan_	ben cotto

herb	_Hë:b_	erba aromatica
oil	_Oil_	olio
pepper	_pEpë_	pepe
salt	_sOlt_	sale
spice	_spais_	spezie
vinegar	_vinighë_	aceto

bowl	_bOul_	ciotola
cutlery	_katlëri_	posate ("coltelleria")
fork	_fO:k_	forchetta
glass	_glæs_	bicchiere
knife	_naif_	coltello
plate	_plEit_	piatto
spoon	_spu:n_	cucchiaio

Al pub

Un viaggio in Gran Bretagna non sarebbe completo senz[a]
una *pinta*, **pint** _paint_, in un vero pub inglese. La parola **pub**
l'abbreviazione di "**public house**", perché tradizionalmen[te]
il proprietario abita con la sua famiglia – e a volte con i su[oi]

dipendenti – in un appartamento sopra al bar e vi accoglie davvero come a casa propria! Una serata al pub è indubbiamente il modo migliore per incontrare i Britannici in un luogo familiare e rilassante. Il pub è un posto dal clima conviviale in cui potrete assaggiare le birre inglesi tradizionali – **bitters** (letteralmente "amari", le birre scure così chiamate per il loro gusto un po' amaro) e le birre chiare, **lagers**. Non aspettatevi che un cameriere venga al vostro tavolo per prendere l'ordinazione, perché i clienti vengono serviti al banco (anche se ordinano da mangiare), e non esitate a usare le frasi che imparerete in questo paragrafo per fare due chiacchiere con la persona seduta sullo sgabello accanto a voi! La birra è servita in **pint** (una pinta = 0,568 l) o **half pint** (mezza pinta, dunque la metà), il vino in bicchieri da 125 ml o 250 ml e i superalcolici in bicchierini da 25 ml.

La Gran Bretagna non ha una grande tradizione vinicola, ma vanta un gran numero di **wine bars**, *vinerie*, dove si possono degustare tanti ottimi vini importati da tutto il mondo. Spesso queste vinerie sono di fatto degli ex pub "convertiti" per attirare soprattutto i giovani e le donne.

Per saziare un leggero appetito, il pranzo in un pub è una scelta poco costosa in confronto ai prezzi praticati nei ristoranti; i piatti sono semplici e tradizionali. Tutti i pub vendono patatine (anche all'aceto) e arachidi per tamponare la birra! L'età minima per entrare in questi locali è normalmente 18 anni, ma si possono trovare, specialmente in campagna, dei pub con una **family room** (letteralmente "sala per famiglie") in cui i bambini sono i benvenuti. Pochissimi consumano bevande calde nei pub, per cui, se chiedete un caffè o un tè di sera, aspettatevi uno sguardo meravigliato, se non addirittura di sentirvi dire di no!

I'd like a pint / half pint of…
aid laik æ paint / ha:f paint Ov
Vorrei una pinta / una mezza pinta di…

I'd like a glass of wine / water please.
aid laik æ glæs Ov uain / uO:të pli:S

Vorrei un bicchiere di vino / d'acqua, per favore.

beer	*bië*	birra
bitter	*bitë*	birra scura
lager	*la:ghë*	birra chiara
shandy	*shændi*	birra e gazzosa
cider	*saidë*	sidro
wine	*uain*	vino
a soft drink	*æ sOft drink*	una bibita analcolica
water	*uO:të*	acqua
with / without ice	*uiDH / wiDHaut ais*	con / senza ghiaccio
crisps	*krisps*	patatine fritte
peanuts	*pi:nats*	arachidi

What are you doing this weekend?
uOt a: yu: du:in⁹ DHis ui:kEnd

cosa siete voi facendo questo week-end

Cosa fate questo fine settimana?

We're going clubbing on Saturday night. Do you want to come?
uië goin⁹ klabin⁹ On sætëdEi nait. du: yu: uOnt të kam

noi siamo andando "fare il giro dei locali" su sabato sera. [aus. **do**] tu vuoi / voi volete venire

Sabato sera andiamo per locali. Vuoi / volete venire con noi

Where are you going?
uEë a: yu: goin⁹

dove sei tu andando / voi andate

Dove vai / andate?

To a new club in town, it's supposed to be very good!
të æ nyu klab in taun, its sapouSd të bi: vEri gud

a un nuovo club in città, è supposto essere molto buono

In un nuovo locale cittadino, pare che sia eccellente!

Sounds great!
saundS grEit
suona grande
Mi sembra un'ottima idea!

TENTATIVI DI APPROCCIO

Se è vero che i Britannici non hanno fama d'essere dei grandi seduttori, tuttavia i pub sono luoghi ideali per fare nuove conoscenze. Eccovi alcune classiche **chat up lines** (frasi per attaccare discorso):

Have you got a light?
Hæv yu: gOt æ lait
avete voi ottenuto una luce
Ha da accendere?

Do you come here often?
du: yu: kam Hië Of(t)ën
[aus. **do**] voi venite qui spesso
Viene spesso qui?

O, per essere più galanti (anche quando "rimorchiano", i Britannici non perdono la loro proverbiale cortesia!):

DO YOU COME HERE OFTEN?
(Viene spesso qui?)

Can I buy you a drink?
kæn ai bai yu: æ drink
posso io comprare te una bevanda
Posso offrirle qualcosa da bere?

Se invece volete essere spiritosi:

I've lost my phone number, can I have yours?
aiv lOst mai foun nambë kæn ai Hæv yoëS
Ho perso il mio numero di telefono, posso avere il suo?

Ecco le possibili risposte...

I'm with my girlfriend / boyfriend.
aim uiDH mai ghë:lfrEnd / bOifrEnd
Sono con la mia ragazza / col mio ragazzo.

Are you kidding?
a: yu: kiding
siete voi scherzando
Sta scherzando?

...se vi va buca.

In caso contrario...

Great!	**I'd love to!**
grEit	*aid lav të*
Certo!	Volentieri!

Se vi stanno importunando...

Leave me alone!
li:v mi: æloun
Mi lasci in pace!

Get lost! ♦
ghet lOst
diventa perduto
Sparisci! (usate quest'espressione solo se altri inviti più cortesi non hanno avuto effetto!)

E ora passiamo a un po' di termini "tecnici"...

love	*lav*	amore
in love	*in lav*	innamorato
kiss	*kis*	bacio
cuddle	*kadël*	coccola
to stroke	*të strouk*	accarezzare
to make love	*të mEik lav*	fare l'amore
to shag ♦♦	*te shæg*	scopare
contraceptive	*kOntrëssEptiv*	contraccettivo
pill	*pil*	pillola
condom	*kOndOm*	preservativo
pregnant	*prEg-nënt*	incinta
penis	*pi:nës*	pene
vagina	*vægiainæ*	vagina

MA COS'È LA GRAN BRETAGNA?

La Gran Bretagna è un'isola che comprende l'Inghilterra, la Scozia e il Galles.
Il suo nome ufficiale è "Regno Unito della Gran Bretagna e dell'Irlanda del Nord" – **United Kingdom of Great Britain and Northern Ireland**. Il Regno Unito comprende dunque la Gran Bretagna e l'Irlanda del Nord. Tuttavia, in pratica, col termine "britannico" ci si può riferire a tutto ciò che riguarda il Regno Unito.

Si può dire, molto sommariamente, che il Galles è sotto il controllo di Londra dal XVI secolo, mentre la Scozia è rimasta una monarchia indipendente fino al XVIII, ma oggi i due "Paesi" hanno un proprio parlamento o assemblea, con poteri certo limitati, ma anche con le proprie differenze di funzionamento, in particolare per quanto riguarda l'istruzione e il sistema giudiziario.

Gli Scozzesi hanno mantenuto legami fortissimi con la loro cultura celtica: spesso si sentono prima di tutto Scozzesi e poi Britannici. Anche i Gallesi sono molto orgogliosi delle loro radici celtiche e il gallese è tuttora lingua ufficiale del Galles assieme all'inglese. L'Irlanda, invece, è un'isola divisa tra la Repubblica d'Irlanda (che dal 1921 è totalmente indipendente dalla corona britannica) e l'Irlanda del Nord, che fa parte del Regno Unito.

Il Regno Unito è una monarchia parlamentare, ragion per cui Elisabetta II, regina dal 1952, è a capo del potere esecutivo. In pratica, però, si può dire che il Primo ministro e il Parlamento dirigono gli affari del Regno in nome di Sua Maestà. Ogni nuova legge, per entrare in vigore, deve ottenere il consenso della Regina, che può convocare il Parlamento e anche scioglierlo. Il Parlamento è composto da due Camere: la Camera dei Comuni e la Camera dei Lord, che devono anch'esse dare il loro consenso prima che una legge venga promulgata.

Great Britain	_grEit britEin_	Gran Bretagna
United Kingdom	_yunaitëd kinᵍdëm_	Regno Unito
England	_inglënd_	Inghilterra
Scotland	_skOtlënd_	Scozia
Wales	_uEils_	Galles
Northern Ireland	_nO:DHën aiëlënd_	Irlanda del Nord
Republic of Ireland	_ripablik Ov aiëlënd_	Republica d'Irlanda

Chamber of Commons	_cEimbë Ov kOmënS_	Camera dei Comuni
Chamber of Lords	_cEimbë Ov lO:dS_	Camera dei Lord
crown	_kraun_	corona
government	_gavënmënt_	governo
parliament	_pa:lëmënt_	parlamento
queen	_kui:n_	regina

IL NORD DELL'INGHILTERRA

Il nord dell'Inghilterra è spesso sconosciuto ai turisti stranieri, eppure è possibile scoprirvi dei luoghi meravigliosi e lontani dai grandi centri turistici.

Magnifici parchi nazionali come il **Lake District**, _la regione dei laghi_ o il **Peak District** (letteralmente _la regione dei picchi_) sono l'ideale per gli escursionisti e per gli appassionati di imbarcazioni. Inoltre grandi città come Leeds, Nottingham e Manchester stanno perdendo la loro fama di grigie città industriali e, dopo la chiusura delle miniere e delle acciaierie avvenuta negli anni '80 e la depressione economica che ne è seguita, hanno conosciuto un bella rinascita con l'avvento dei nuovi settori della tecnologia e della comunicazione. Grazie alla modernizzazione dei centri delle città e dei trasporti, non hanno più niente da invidiare a Londra, sia a livello di negozi che di ristoranti e locali notturni. Più piccole e più calorose della capitale, queste città universitarie accolgono migliaia di studenti che, in cambio, danno vita a un ambiente giovane e dinamico. Nottingham è anche la città del leggendario **Robin Hood**: potrete ripercorrerne le orme nella **Sherwood Forest**, _foresta di Sherwood_, o nel **Nottingham Castle**, _castello di Nottingham_; per rendere il vostro viaggio nel tempo ancor più realistico, avrete anche la possibilità di prendere parte a un pranzo medievale!

Se vi capita di visitare la regione, non mancate di fare tappa nell'incantevole città di York, il cui centro è stato meticolosamente restaurato e conserva i suoi bastioni, le sue vie lastricate, le sue case a graticcio e un'impressionante cattedrale. La specialità di York è il **fudge** *fag'*, sorta di caramello morbido che si scioglie in bocca, prodotto da autentici artigiani; non avrete difficoltà a trovarlo nelle tante confetterie della città.

Si ritiene che i **Northerners** (la *gente del nord*) siano più aperti e accoglienti dei loro cugini meridionali. Questo è indubbiamente vero, ma al nord è necessario abituarsi al loro accento e alla loro tendenza a mangiarsi le parole… Alcuni esempi: **you** diventa spesso **y'**, **the** o **to the** si riduce a **t'**, mentre **going** è molte volte sostituito da un semplice **off**. Perciò una frase come "**Are you going to the pub?**", *Stai / sta andando al pub?*, diventa "**Y'off t'pub?**" *yOf t'pab*… All'inizio vi toccherà drizzare le orecchie, ma vi ci abituerete in fretta, e ad ogni modo non preoccupatevi: la gente si sforzerà di parlare correttamente se vedrà che fate fatica a capirla.

La campagna

boating	*bouting*	nautica, andare in barca
cave	*kEiv*	caverna, grotta
climbing	*klaiming*	arrampicata
cottage	*kOtig'*	casetta di campagna in stile rustico
farm	fa:m	fattoria
field	fi:ld	campo
hiking	*Haiking*	escursionismo
hill	Hil	collina
lake	*lEik*	lago
cow	*kau*	mucca
duck	*dak*	anatra

goat	_gout_	capra
hen	_HEn_	gallina
horse	_HO:s_	cavallo
sheep	_shi:p_	pecora

IL SUD DELL'INGHILTERRA

Anche i dintorni di Londra hanno molte attrattive. Le città storiche di Cambridge e Oxford, i cui **colleges** (risalenti al XVIII secolo) offrono alcuni tra i più begli esempi dell'architettura britannica, sono tuttora assai vivaci e meritano una visita. Se vi trovate a Cambridge, inoltre, non guasta una piccola deviazione di qualche chilometro per ammirare la bellissima cattedrale della cittadina di Ely.

A **Stonehenge** _stounHEng'_ scoprirete uno straordinario complesso megalitico formato da menhir alti da 3 a 6 metri lasciatoci in eredità dai nostri antentati 4000 anni fa.

L'antico palazzo reale di Hampton Court (**Hampton Court Palace** _Hæmptën ko:t pælës_), nella zona sud-ovest di Londra, e il castello di Windsor (**Windsor Castle** _winSë ka:ssël_) – una delle residenze preferite dalla famiglia reale – situato sul Tamigi a monte di Londra, testimoniano di un passato più recente, ma non meno interessante.

Nel Kent, a est di Londra, la cattedrale della città di Canterbury è indubbiamente l'edificio religioso più celebre dell'Inghilterra.

Inoltre, se avete dei figli, portateli in uno dei parchi di attrazioni all'inglese come **Chessington**, **Thorpe Park** o **Alton Towers**, dove vi aspettano giostre e montagne russe!

Il sud dell'Inghilterra è la zona ideale per scoprire le stazioni balneari inglesi. La costa del Devon è stata perfino soprannominata "**English Riviera**" per via dei suoi chilometri di sabbia fine e delle sue eleganti dimore in riva al mare. Potrete riposarvi, costruire dei bei castelli (inglesi) di sabbia e assaggiare gelati deliziosi. Menzioniamo anche, per i turisti in erba, le passeggiate a dorso d'asino.

La spiaggia

beach	*bi:c'*	spiaggia
bucket	*bakit*	secchiello
candy floss	*kændi flOs*	zucchero filato
deckchair	*dEkcEë*	sedia a sdraio
dinghy	*dinghi*	canotto
donkey ride	*dOnºki raid*	passeggiata a dorso d'asino
sand	*sænd*	sabbia
sandcastle	*sændka:ssël*	castello di sabbia
sea	*si:*	mare
spade	*spEid*	paletta
to sunbathe	*të sanbEiDH*	abbronzarsi
to paddle	*të pædël*	sguazzare nell'acqua

DONKEY RIDE
(passeggiata a dorso d'asino)

to swim	*të suim*	nuotare
ice cream	*ais kri:m*	gelato
flavour	*flEivë*	gusto
cherry	*cEri*	ciliegia
chocolate	*ciOklët*	cioccolato
coconut	*koukOnat*	noce di cocco
peach	*pi:c'*	pesca
strawberry	*strO:bëri*	fragola
vanilla	*vënilæ*	vaniglia

LA SCOZIA

Questo paese, ricchissimo di miti e leggende – da William Wallace (che fomentò una rivolta contro gli Inglesi nel XIII secolo) al Mostro di Loch Ness – abbonda di paesaggi di incredibile bellezza. Le sue montagne innevate, i suoi laghi inquietanti e tranquilli come specchi d'acqua cupa e i suoi castelli pieni di storia vanno assolutamente visti. In Scozia cercherete di avvistare il mitico Mostro di Loch Ness, farete lunghe gite attraverso le Highlands, osserverete le *balene*, **whales** *uEilS*, e i *delfini*, **dolphins** *dOlfinS* al largo delle coste selvagge...

Gli Scozzesi sono fieri del loro patrimonio e la cultura celtica è fortemente presente nei loro costumi. Le tradizioni sono rigorosamente rispettate: uomini in kilt che suonano la cornamusa accompagnano la festa di **Hogmany** *HOgmënEi* (il 31 dicembre) e tutti bevono dell'ottimo whisky, ovviamente scozzese! La capitale Edimburgo, circondata da splendide balze scoscese, è la sede culturale del Paese e vanta, tra le altre cose, numerosi musei, il Parlamento scozzese e il castello reale di **Holyrood** *Holirud*. Ogni anno, in agosto, la città accoglie migliaia di persone giunte ad assistere al celeberrimo Festival Internazionale di Edimburgo, manifestazione in cui si fondono musica, danza e teatro.

Le acque scozzesi sono un po' fredde per fare il bagno, ma la qualità del pesce e dei frutti di mare è eccellente e i ristoranti valorizzano al meglio questi prodotti. Non lasciate la Scozia senza provare il tradizionale **haggis and tatties** (stomaco di pecora farcito con contorno di patate), il **porridge** (farinata d'avena al latte) e il **black pudding** (sanguinaccio).

black pudding	*blæk pudin^g*	sanguinaccio
fresh water	*frEsh uO:të*	acqua dolce
haggis	*Hæghis*	stomaco di pecora farcito
halibut	*Hælibët*	ippoglosso
lobster	*lObstë*	aragosta
mussels	*massëlS*	cozze
oysters	*oistëS*	ostriche
porridge	*pOrig'*	farinata d'avena al latte
river	*rivë*	fiume
salmon	*sæmën*	salmone
sea	*si:*	mare
shell fish	*shEl fish*	frutti di mare

La pronuncia scozzese è caratterizzata da suoni gutturali come la -**ch** di **loch**. Inoltre vi accorgerete che qui la **r** è pronunciata nettamente come in italiano. Quasi tutti gli Scozzesi hanno un forte accento (piacevolissimo, una volta che ci si abitua); quanto a voi, con l'inglese di questo manuale e il vostro accento personale, in Scozia sarete capiti senza problemi.

Have you ever seen the Loch Ness Monster?
hæv yu: Evë si:n DHë lOH nEs mOnstë
avete voi mai visto il Loch Ness mostro
Lei ha mai visto il Mostro di Loch Ness?

No, but my friend has.
nou bat mai frEnd HæS
no ma mio amico ha
No, ma il mio amico l'ha visto.

Really?
ri:li
Davvero?

He says so, but he drinks a lot of whisky!
hi: sEiS sou bat hi: drinks æ lOt Ov uiski
lui dice così ma lui beve molto di whisky
Così dice, ma beve tanto whisky!

Le Isole Ebridi, all'estremo nord del Paese, sono gli ultimi bastioni della lingua gaelica degli antichi Scozzesi, ma alcune parole o espressioni sono rimaste in uso. Ecco le più comuni:

aye	*ai*	sì
wee	*ui:*	piccolo
bonny	*bOni*	carino
Ceilidh	*kEilit*	ballo folkloristico
dram	*dræm*	bicchierino di whisky
loch	*loH*	lago (pronunciate la *H* raschiando la gola)
glen	*glEn*	valle
kirk	*kë:k*	chiesa

LONDRA

Londra è senza dubbio la più cosmopolita delle capitali europee. Con i suoi 2.000 anni di storia e circa otto milioni di abitanti che parlano complessivamente più di duecento lingue, costituisce oggi un crogiolo di culture che la rende un posto dinamico e affascinante.
"Quando uno è stanco di Londra, è stanco della vita". Questa frase dello scrittore Samuel Johnson non è mai stata così veritiera.

Monumenti e musei

Con quasi duecento musei e gallerie d'arte, Londra è anche una città di cultura. Sovvenzionate dai fondi della lotteria nazionale, la maggior parte delle collezioni di Stato hanno recentemente beneficiato di lavori di restauro impressionanti. Che siate appassionati o semplicemente curiosi, potrete girare tutti i musei che vorreste perché attualmente le visite sono gratuite. Non perdetevi comunque il *British Museum*, che contiene una delle più belle collezioni di antichità al mondo, e la Torre di Londra, testimone di 900 anni di storia, in cui potrete ammirare i preziosissimi gioielli della corona.

Un giro sulla grande ruota – il *London Eye* – vi svelerà un orizzonte pieno di tesori architettonici rinomati in tutto il mondo: l'abbazia di Westminster, la cattedrale di San Paolo e, naturalmente, Buckingham Palace.

Se fa bel tempo (non c'è sempre la nebbia!), una crociera sul Tamigi vi permetterà di apprezzare la "nouvelle vague" dell'architettura moderna, grazie alla quale è stato possibile trasformare antiche e sinistre fabbriche situate sulle rive del fiume in posti alla moda, come per esempio il *Tate Modern* e l'*Oxo Tower*.

British Museum	*british myuSi:am*	Museo Britannico
Buckingham Palace	*bakingHæm pælës*	Buckingham Palace
Houses of Parliament	*HaussES Ov pa:lëmënt*	Parlamento
National Gallery	*næshnal gælëri*	Galleria Nazionale
St. Paul's Cathedral	*sEint pO:lS kæTHi:drël*	Cattedrale di San Paolo
Tate Britain	*tEit britæn*	Museo Tate dell'arte britannica
Tate Modern	*tEit mOdë:n*	Museo Tate dell'arte moderna

Tower of London	*tauë Ov landën*	Torre di Londra
Trafalgar Square	*træfælghë skuEë*	Piazza Trafalgar
Westminster Abbey	*uEstminstë æbi*	Abbazia di Westminster

One adult and two child tickets please.
uan ædalt ænd tu: ciaild tikEts pli:S
un adulto e due bambino biglietti per-favore
Un biglietto intero e due ridotti, per cortesia.

Is the exhibition included in the ticket price?
iS DHi EksibishÍn inklu:did in DHë tikEt prais
è la esposizione inclusa in il biglietto prezzo
La mostra è compresa nel prezzo del biglietto?

Fashion victim?

I patiti dello shopping non resteranno delusi: nei negozi di Covent Garden scoprirete una vasta gamma di abiti dagli stili originalissimi ideati da giovani stilisti che fanno il bello e il cattivo tempo nella **fashion** *fæshën* (moda) britannica. Non dimenticate di fare un giro nei grandi magazzini: Harrods e Selfridges sono una vera Mecca della moda. E non lasciate Londra senza aver prima fatto un salto al mercato delle pulci, folleggiando tra Camden e Notting Hill!

shop	*shOp*	negozio
department store	*dipa:tmënt stO:*	grandi magazzini
market	*ma:kEt*	mercato
flea market	*fli: ma:kEt*	mercato delle pulci
antiques	*ænti:ks*	antiquariato, oggetti artistici antichi
clothes	*klouDHS*	abbigliamento

(vedi anche il paragrafo **Lo shopping**)

Un giretto al parco

I "polmoni" di Londra sono, tra gli altri, il Royal St James' Park e l'ampio Hampstead Heath, luoghi tipicamente britannici dove i Londinesi amano fare una passeggiata col cane o un picnic all'ora di pranzo sull'erba – e non è vietato calpestarla, anzi è adattissima per giocarci a pallone o a frisbee… tranne quando piove!

park	*pa:k*	parco
garden	*ga:dën*	giardino
picnic	*piknik*	picnic
picnic table	*piknik tEibël*	tavolo da picnic
grass	*græs*	erba
lawn	*lO:n*	prato
Keep off the Grass!	*ki:p Of DHë græs*	vietato calpestare l'erba
lake	*lEik*	lago

Per i nottambuli

La notte a Londra non annoia mai. Tutto è possibile: mangiare in un ristorante di lusso a tre stelle Michelin o optare per un curry a poco prezzo in un ristorantino indiano… Poi, se siete in vena, potete gustarvi una buona birra in un pub tradizionale o ballare fino all'alba in una discoteca all'ultimo grido. Scegliete fra il **Brit pop** o il **Brit rock**, perché la musica inglese domina ovunque, nelle discoteche londinesi. Per una serata più tranquilla, visitate il quartiere dei teatri: le tragedie di Shakespeare sono sempre in cartellone, oltre alle commedie musicali di Andrew Lloyd Webber.

restaurant	*rEstrOnt*	ristorante
pub	*pab*	pub
concert	*kOnsët*	concerto

night club	_nait klab_	night, locale notturno
cinema	_sinëmæ_	cinema
theatre	_THi:ætë_	teatro
musical	_myuSikël_	musical

(vedi anche il paragrafo **Bere e mangiare**)

Spostarsi a Londra

"Mind the gap!" _maind DHë gæp_ è una frase che sentirete spesso frequentando **The Tube**: significa "Attenti al gradino (tra il convoglio e la banchina)!".

Prendere **The Tube**, la metropolitana più antica del mondo, è di sicuro il modo più rapido per spostarsi in questa immensa capitale. Chiedete la mappa agli sportelli e ricordatevi che ciascuna delle 12 linee collega la città da un capo all'altro. Poiché i biglietti singoli sono molto cari, acquistate piuttosto una **Travelcard** _trævëlka:d_ (letteralmente "carta di viaggio") che, a un prezzo forfettario, vi permetterà di viaggiare a vostro piacimento per un'intera giornata o per tutto il fine settimana. Le **Travelcards** sono valide anche per i tragitti in autobus, mezzo su cui è assai piacevole viaggiare quando non si ha troppa fretta. Salite al piano superiore di uno di questi celebri autobus rossi per vedere la capitale "dall'alto".

Se volete stare più comodi, scegliete un **black cab** _blæk kæb_, uno di quei grandi taxi neri che in centro si trovano dappertutto. Questi taxi costano relativamente poco e sono molto spaziosi; non dimenticate inoltre di chiedere al vostro autista quali celebrità si sono sedute dietro!

Ad ogni modo fate come i Londinesi: lasciate stare la macchina e usate i mezzi pubblici, perché il traffico è molto intenso. Inoltre i parcheggi sono rari e costosi e, se volete guidare in centro, dovete pagare una tassa di circolazione!

Which direction do I take for the station…?
uic' dirEkshän du: ai tEik fO: DHë stEishën
quale direzione [aus. **do**] io prendo per la stazione
Da che parte devo andare per la stazione…?

Where is the nearest Underground station?
uEë iS DHë ni:rëst andëgraund stEishën
dove è la più-vicina sotterranea stazione
Dov'è la stazione della metropolitana più vicina?

I'd like a One Day Travelcard for zones 1 and 2 please.
aid laik æ uan dEi trævëlka:d fO: SounS uan ænd tu: pli:S
amerei una un giorno carta-di-viaggio per zone 1 e 2 per-favore
Vorrei una Travelcard giornaliera per le zone 1 e 2, per cortesia.

Is this train going north or south?
iS DHis trEin goin^g nO:TH O: sauTH
è questo treno andando nord o sud
Questo treno va verso nord o verso sud?

Does this bus stop at…?
daS DHis bas stOp æt
[aus. **do**] questo bus ferma a
Quest'autobus ferma a…?

Where can I get a cab?
uEë kæn ai ghEt æ kæb
dove posso io ottenere un taxi
Dove posso trovare un taxi?

Is there a night bus to…?
iS DHEë æ nait bas të
è là un notte bus per
C'è un autobus notturno per…?

WHERE CAN I GET A CAB?
(Dove si può prendere un taxi?)

the Tube /	*DHë tiu:b /*	la metropolitana di
the Underground	*DHi: and ëgraund*	Londra
north	*nO:TH*	nord, in direzione nord
south	*<u>sau</u>TH*	sud, in direzione sud
east	*i:st*	est, in direzione est
west	*u<u>Est</u>*	ovest, in direzione ovest
One Day Travelcard	*uan <u>dEi</u> træv<u>ë</u>lka:d*	Travelcard giornaliera
Weekend Travelcard	*ui:kEnd <u>træv</u>ë<u>lka:d</u>*	Travelcard per il fine settimana
Family Travelcard	*<u>fæ</u>mili <u>træv</u>ë<u>lka:d</u>*	Travelcard familiare
carnet	*<u>ka:</u>nEi*	carnet di 10 biglietti (centro città)
double decker bus	*dab<u>ë</u>l <u>dEk</u>ë bas*	autobus a due piani
night bus	*<u>nait</u> bas*	autobus notturno
black cab	*blæk kæb*	taxi nero

one hundred and seven 107

Poche cose accendono la passione dei Britannici come lo sport: qui si perde ogni traccia della loro ben nota flemma e i grandi sport nazionali – il calcio, il rugby e il cricket – sono praticati a tutti i livelli, dagli scolaretti ai grandi professionisti, e chi non gioca fa comunque il tifo per la sua squadra del cuore. In inverno godetevi l'atmosfera elettrizzante delle grandi partite di rugby o di calcio e in estate trovate il tempo per assistere a un incontro di cricket. Preparatevi: un match può durare cinque giorni! Tuttavia non preoccupatevi: non morirete di inedia, perché la partita s'interrompe all'ora del tè.

Se vi sentite *in the mood* (letteralmente "nell'umore"), mettetevi il cappello più bello che avete e tentate la sorte alle corse dei cavalli, oppure provate le **strawberries and cream** *strouberiS ænd kri:m*, fragole e panna, a Wimbledon, durante il più importante torneo di tennis al mondo.

football ground	*futbO:l graund*	campo di calcio
golf course	*gOlf kO:s*	campo da golf
gym	*gim*	palestra
match	*mæc'*	partita, incontro
seat	*si:t*	posto (a sedere)
sports centre	*spO:ts sEntë*	centro sportivo
stadium	*stEidyam*	stadio
standing	*stændinᵍ*	posto (in piedi)
swimming pool	*suiminᵍ pu:l*	piscina
tennis court	*tEnis kO:t*	campo da tennis
ticket	*tikEt*	biglietto

Can I hire tennis rackets?
kæn ai Haië tEnis rækEts
Posso noleggiare delle racchette da tennis?

How much are seats for Saturday's match?
Hau mac' a: si:ts fO: sætëdEiS mæc'
quanto molto sono posti per sabato-di partita
Quanto costano i biglietti per la partita di sabato?

Al telefono

Se si risponde da casa, "**Hello**" è la formula più utilizzata per cominciare la conversazione. Nel mondo del lavoro, tuttavia, in genere chi risponde dice innanzi tutto il suo nome. Il centralino di un'azienda annuncia il nome della ditta e poi vi domanda cosa desiderate. Poiché spesso è difficile capire e farsi capire al telefono, ecco qualche frase per aiutarvi:

Hello...
HElou
Pronto...

Good morning, Gill speaking.
gud mO:ninᵍ gil spi:kinᵍ
Buongiorno, sono Gill.

I'd like to speak to...
aid laik të spi:k të
Vorrei parlare con...

Please hold the line.
pli:S Hould DHë lain
Resti in linea, per favore.

Can I help you?
kæn ai HElp yu:
In cosa posso esserle utile?

Can I have the number for..?
kæn ai Hæv DHë nambë fO:
Mi può dare il numero di...?

Please press 1 for...
pli:S prEs uan fO:
Prema 1 per...

The line is engaged.
DHë lain iS inghEigëd
La linea è occupata.

mobile phone	_mobail foun_	telefono cellulare
phone box	_foun bOks_	cabina telefonica
phone call	_foun kO:l_	telefonata
to dial	_të dail_	comporre (un numero)

Il cellulare è diffusissimo (ma vietato al volante) e potrete noleggiarne uno non appena sarete giunti sul suolo britannico, all'aeroporto. Le famose cabine telefoniche rosse, tuttavia, esistono ancora, anche se quelle moderne di colore grigio sono ormai più frequenti. A volte accettano le monete ma più spesso funzionano con le schede telefoniche o le carte di credito. Le schede si possono comprare nelle edicole e ce ne sono anche di apposite per chiamare all'estero; sappiate inoltre che in Gran Bretagna c'è un solo numero per tutte le emergenze (polizia, pompieri, ambulanze), ovvero il 999 _nain nain nain_ che è gratuito, sia chiamando dal cellulare che da telefono fisso.

Alla posta

I francobolli si possono acquistare ovunque si trovino delle cartoline: negli uffici postali, nelle edicole e nelle cartolerie. Le tariffe per la Gran Bretagna sono due: la "**first class**" e la "**second class**" (la prima garantisce spedizioni più veloci); è prevista anche una tariffa per l'Europa e ce ne sono naturalmente altre per il resto del mondo.

Five first class stamps please.
faiv fë:st klæs stæmps pli:S
cinque prima classe francobolli per-favore
Cinque francobolli first class ("prima classe"), per cortesia

Two Europe stamps please.
tu: yurëp stæmps pli:S
due Europa francobolli per-favore
Due francobolli per l'Europa, per favore.

I'd like to send this parcel to Italy please.
aid laik të sEnd DHis pa:ssël të itëli pli:S
Vorrei spedire questo pacco in Italia, per favore.

Can I send this letter by recorded delivery?
kæn ai sEnd DHis lEtë bai rEkO:did dElivëri
posso io spedire questa lettera per registrata consegna
Posso spedire questa lettera per raccomandata?

internet

n genere i Britannici sono entusiasti come noi delle nuove ecnologie. Nelle grandi città troverete senza problemi degli nternet cafes dove potrete navigare liberamente (la tariffa è al ninuto). Spesso ci si può anche connettere nelle biblioteche) negli uffici postali.

computer	kOmpyutë	computer
connection	kOnEkshën	connessione
disk	disk	disco
email	i:mEil	e-mail, posta elettronica
internet cafe	intënEt kæfEi	cybercafè
keyboard	ki:bO:d	tastiera
mouse	maus	mouse
printer	printë	stampante
screen	skri:n	schermo

How much is it for half an hour?
Hau mac' iS it fO: hæ:f æn auë
come molto è esso per mezza un'ora
Quanto costa connettersi per mezz'ora?

How much is it to print?
Hau mac' iS it të print
come molto è esso per stampare
Quanto costa stampare?

Twenty pence per page.
tuEnti pEns pë: pEig'
Venti pence a pagina.

I mass media

In Gran Bretagna i mass media sono presenti da molto tempo.
La BBC (**British Broadcasting Corporation**), conosciuta in tutto
il mondo, è finanziata dallo Stato ma è totalmente indipendente dal governo: vanta due canali televisivi e i suoi pro-
grammi – in particolare i reportage – sono venduti e trasmessi
in tutto il mondo. Inoltre dispone di tre canali privati terrestri
e di un centinaio di canali digitali.
L'emittente radio della BBC, *World Service*, è trasmessa in
tutto il mondo e in 43 lingue. La pronuncia standard dell'inglese (**received pronunciation**) è stata persino soprannominata
"**BBC English**" perché pare che gli annunciatori parlino l'inglese meglio di chiunque altro! Vi consigliamo vivamente di
ascoltare la radio o di guardare la televisione per migliorare
il vostro livello di comprensione e il vostro accento.

Quanto ai giornali, è chiaro che ce ne sono tantissimi e
che sarà sempre bene dargli un'occhiata: vi permetteranno
di capire meglio lo spirito britannico e la stampa locale vi
informerà in merito agli eventi culturali della regione in cui
vi trovate.

book	*buk*	libro
channel	*ciænel*	canale
cinema	*sinëmæ*	cinema
film	*film*	film
magazine	*mægæSi:n*	rivista
musical	*myuSikël*	commedia musicale
newspaper	*nyuSpeipë*	giornale
programme	*progræm*	trasmissione

radio	_rEidiou_	radio
television	_tElEvijën_	televisione
TV	_ti:-vi:_	TV
theatre	_THiEtë_	teatro

LA SALUTE

Non si sa mai, forse vi farà comodo conoscere qualche frase per parlare col medico o in farmacia. Il **National Health Service** (NHS), servizio sanitario nazionale, è a capo di tutti i servizi pubblici e le visite al pronto soccorso sono gratuite sia per i Britannici che per i cittadini residenti nell'Unione Europea. Gli studi dei medici internisti si trovano spesso riuniti in un'unica struttura con personale infermieristico, in modo da fornire il servizio più completo possibile. Per le piccole indisposizioni potete rivolgervi in farmacia: se ne trovano non solo in centro, ma anche nei grandi supermercati.

Chi desidera ricevere informazioni sui servizi sanitari può chiamare lo 08 45 46 47, il numero nazionale messo a disposizione dal NHS per rispondere a ogni vostra domanda. Per casi di emergenza (polizia, pompieri, ambulanze) telefonate al 999 _nain nain nain_ o ancora al 112 (valido in tutta Europa); la chiamata è gratuita da qualsiasi telefono.

Quanto al lessico, tranquillizzatevi, il gergo medico inglese non è molto diverso da quello italiano!

I need to see a doctor.
ai ni:d të si: æ dOktë
io ho-bisogno di vedere un dottore
Ho bisogno di un medico.

I have a headache / stomach ache.
ai Hæv æ HEdEik / stamëk Eik
io ho una testa-dolore / stomaco dolore
Ho mal di testa / stomaco.

I have a cold.
_ai_ Hæv æ _kould_
io ho un freddo
Ho il raffreddore.

My neck / leg hurts.
mai nEk / lEg Hë:ts
mio collo / mia gamba fa-male
Mi fa male il collo / una gamba.

Do you have anything for diarrhoea?
_du: yu:_ Hæv _Eni_THin⁹ fO: _daieri:ë_
[aus. **do**] voi avete qualcosa per diarrea
Ha qualcosa contro la diarrea?

I HAVE A COLD.
(Ho il raffreddore.)

Le parti del corpo

head	_HEd_	testa
face	_fEis_	faccia
eye	_ai_	occhio
nose	_nouS_	naso
ear	_i:ë_	orecchio
mouth	_mauTH_	bocca
tooth (pl. **teeth**)	_tu:TH (ti:TH)_	dente (denti)

appendix	_ëpEndiks_	appendice
arm	_a:m_	braccio
back	_bæk_	schiena
bone	_boun_	osso
chest	_cEst_	petto
finger	_finghë_	dito
foot (pl. **feet**)	_fut (fi:t)_	piede (piedi)
hand	_Hænd_	mano
heart	_ha:t_	cuore
knee	_ni:_	ginocchio
leg	_lEg_	gamba
lung	_lang_	polmone
muscle	_massël_	muscolo
neck	_nEk_	collo
shoulder	_shouldë_	spalla
skin	_skin_	pelle
stomach	_stamæk_	stomaco

Termini utili

Il termine ufficiale per "pronto soccorso" è **accident and emergency** _æksidEnt ænd imë:gënsi_, come indicano i cartelli che si trovano in prossimità degli ospedali. Nel linguaggio comune, però, si usa dire semplicemente **casualty** _kæjuëlti_.

ambulance	_æmbyulëns_	ambulanza
chemist / pharmacy	_kEmist / fa:mëssi_	farmacia
dentist	_dEntist_	dentista
doctor	_dOktë_	medico
GP	_gi:pi:_	internista
hospital	_HOspitël_	ospedale
nurse	_në:s_	infermiera

to be ...	*të bi:*	essere ...
allergic to...	*ëlë:gik të*	allergico a...
broken	*broukën*	rotto
burnt	*bë:nt*	ustionato
catching/infectious	*kæcing / infEkshës*	contagioso
hurt / injured	*hë:t / ingëd*	ferito
ill	*ill*	ammalato
pregnant	*prEg-nënt*	incinta
to breathe	*të bri:DH*	respirare
to have a temperature	*te Hæv æ tEmpricë*	avere la febbre
to vomit	*te vOmit*	vomitare
blood	*blad*	sangue
cold	*kould*	raffreddore
diarrhoea	*daieri:ë*	diarrea
examination	*EgzæminEishën*	esame, visita
filling	*filing*	otturazione
flu	*flu:*	influenza
fracture	*frækcë*	frattura
illness / disease	*ilnës / diSi:S*	malattia
infection	*infEkshën*	infezione
injection	*ingEkshën*	iniezione
medicine	*mEdsin*	medicina
nausea	*nO:Sië*	nausea
pain	*pEin*	dolore
prescription	*prEskripshën*	ricetta
tablet / pill	*tæblët / pil*	compressa / pillola
treatment	*tri:tmënt*	cura, terapia
x-ray	*Eks-rEi*	radiografia

LA POLIZIA

La Gran Bretagna non è un Paese in cui si corrono particolari pericoli, ma anche qui, come in tutte le altre parti del mondo, vengono commessi dei reati più o meno gravi. Badate dunque ai vostri effetti personali in città e soprattutto sui mezzi di trasporto londinesi, dove i borseggiatori lavorano in bande organizzate. Se doveste avere la disavventura di essere derubati, contattate la polizia e / o il vostro consolato. Ecco le frasi fondamentali che potranno esservi d'aiuto:

My camera has been stolen.
mai kæmræ HæS bi:n stoulën
mia macchina-fotografica ha stata rubata
Mi hanno rubato la macchina fotografica.

I have been attacked.
ai Hæv bi:n ætækd
Mi hanno aggredito.

Please call the police!
pli:S kO:l DHë pëli:s
Per favore, chiami la polizia!

I need to contact my consulate / embassy.
ai ni:d të kOntækt mai kOnsyulët / Embëssi
Ho bisogno di contattare il mio consolato / la mia ambasciata.

Where is the nearest police station?
uEë iS DHë ni:rëst pëli:s stEishën
dove è la più-vicina polizia stazione
Dov'è il commissariato di polizia più vicino?

insurance	*inshurëns*	assicurazione
lawyer	*lO:yë*	avvocato
lost property office	*lOst prOpëti Ofis*	ufficio oggetti smarriti
police officer	*pëli:s Ofisë*	poliziotto

police report	*pëli:s ripO:t*	rapporto di polizia
police station	*pëli:s stEishën*	commissariato
thief	*THi:f*	ladro
witness	*uitnës*	testimone

I have lost my...
ai Hæv lO:st mai
Ho perso il mio / la mia / i miei / le mie...

camcorder	*kæmkO:dë*	videocamera
driving licence	*draiving laissëns*	patente di guida
handbag	*Hændbæg*	borsa
identity card	*aidEntiti ka:d*	carta d'identità
keys	*ki:S*	chiavi
luggage	*laghig'*	bagagli
passport	*pa:spO:t*	passaporto
purse	*pë:s*	portamonete
suitcase	*su:tkEis*	valigia
wallet	*uOlët*	portafoglio
mother in law	*maDHë in lO:*	suocera

BIBLIOGRAFIA

Letteratura

La letteratura britannica è varia e ricchissima. Gran parte degli autori è stata tradotta in italiano e la scelta delle opere è tanto vasta da soddisfare tutti i gusti.

Provate a scartabellare un po' nella biblioteca più vicina. Se avete voglia di fare un salto nel passato, perché non appassionarsi al teatro di Shakespeare? Le sue commedie e tragedie non hanno nulla d'insipido, anzi!

Se invece volete scoprire la Gran Bretagna attraverso le opere di autori più recenti, leggete Jane Austen (*Orgoglio e pregiudizio*, 1813), George Eliot – pseudonimo di Mary Ann Evans – (*Il mulino sulla Floss*, 1860; *Middlemarch, Studi di provincia*, 1872) o Charles Dickens (*Oliver Twist*, 1838; *David Copperfield*, 1850; *Tempi difficili*, 1854 e tanti altri).

Un sussulto di romanticismo? Emily Brontë (*Cime tempetose*, 1847) e Charlotte Brontë (*Jane Eyre*, 1847) vi affascineranno.

Tra i grandi autori del XX secolo citiamo D.H. Lawrence che, attraverso i suoi romanzi (e in particolare *L'Amante di Lady Chatterley*, 1928), si allontana dall'intellettualismo e dal freddo materialismo che già caratterizzavano la sua epoca.

Altra eccellente scrittrice è Iris Murdoch, che analizza la vita dei suoi contemporanei in modo ingegnoso e divertente (*La campana*, 1958; *Una testa tagliata*, 1961; *Il mare, il mare*, 1978).

Non dimentichiamo poi Robert Louis Balfour Stevenson, autore del famosissimo romanzo *L'isola del tesoro* (1883), ma anche di altre opere imperdibili come *Lo strano caso del dr. Jekyll e mr. Hyde*, 1885 e *Il signore di Ballantrae*, 1889; Sommerset Maugham, di cui ricordiamo *Liza di Lambeth*, 1897 e *La signora Craddock*, 1902, due romanzi realisti che descrivono la vita di Londra; Graham Greene, del quale citiamo *La Roccia di Brighton*, 1938, i cui romanzi (dalla varia ambientazione) sono numerosi e ben riusciti.

Questo elenco di importanti autori britannici è certamente ben lungi dall'essere completo; vi aggiungiamo due nomi che non hanno bisogno di presentazioni: Sir Arthur Conan Doyle e Agatha Christie. I loro celeberrimi personaggi (Sherlock Holmes, Hercule Poirot e Miss Marple) sono come vecchi amici che fa sempre piacere ritrovare in ogni loro avventura!

Ed ecco tre titoli recenti, divertenti e di facile lettura:

Alta fedeltà
Nick HORNBY, Guanda Editore, 1995. ISBN 8877468300.
Un giovane venditore di dischi londinese racconta la sua passione per la musica e fa un bilancio della sua vita davanti agli scaffali del suo negozio…

Il diario di Bridget Jones
Helen FIELDING, traduzione di Olivia Crosio, Sonzogno, 1998.
ISBN 884541096X.
Romanzo umoristico. Una trentenne ancora single (non per scelta) cerca l'amore e possibilmente di stare alla larga dall'eccentrica madre.

La regina e io
Sue Townsend, traduzione di Tullio Dobner, Sperling & Kupfer, Milano 1993.
Un nuovo governo decide di spodestare la Regina e obbliga la famiglia reale a lasciare Buckingham Palace per un quartiere popolare nel nord dell'Inghilterra…

Grammatica

In libreria troverete moltissimi libri che trattano l'argomento a tutti i livelli. Per i principianti consigliamo in particolare due manuali: il primo riporta le regole grammaticali, il secondo contiene moltissimi esercizi, di cui vengono fornite tutte le soluzioni al termine del volume.

• Manuela Cohen, *Grammatica essenziale inglese*, De Agostini, 2004. ISBN 9788841814178.
• A. Rizzo Rosa, *Esercizi* (INGLESE), Vallardi, 2004, ISBN 9788882118686.

Dizionari

Anche in questo caso avrete solo l'imbarazzo della scelta tra tanti dizionari inglese-italiano / italiano-inglese. Prima di decidere quale comprare, sfogliatene più d'uno per valutare, oltre al numero delle voci, anche la loro struttura e ampiezza. Tra i dizionari in formato tascabile segnaliamo:

• *Dizionario di inglese* (Edizione tascabile), Hoepli, 2003. ISBN 9788820329280.
• *Dizionario compatto inglese-italiano – italiano-inglese*, Zanichelli, 2003.

'L'Inglese in tasca'
vi ha fatto venire
voglia di proseguire
il vostro studio?

ASSIMIL

vi propone il suo metod

L'Inglese
Collana Senza Sfor

110 lezioni in 704 pagine
su 4 CD audio o 4 audiocas
della durata di 2 ore e 50 m

Per saperne di più, visitate il nostro sito wel

www.assimil.it

IL METODO ASSIMIL

consentirvi di imparare le lingue straniere in modo facile e
cevole Assimil applica ai suoi corsi un principio esclusivo, tanto
mplice quanto efficace:

l'assimilazione intuitiva®

esto principio si basa sul processo naturale grazie al quale cia-
no di noi ha appreso, da bambino, la propria lingua madre. In
do progressivo, attraverso dialoghi vivaci e attuali, note gram-
ticali, esercizi e notizie culturali, Assimil vi condurrà passo a
so fino a un livello di conversazione corrente.

ante la prima parte del vostro studio (chiamata fase passiva) vi
erete immergere nella lingua, semplicemente leggendo e ripe-
do ciascuna lezione. Giunti alla 50ma lezione inizierete la fase
va, che vi permetterà di applicare le strutture linguistiche fin lì
milate e di verificare con soddisfazione i primi risultati del vostro
ro, pur continuando a progredire fino al termine del corso.

ochi mesi, qualsiasi lingua abbiate
to, sarete capaci di comprendere
rvi comprendere senza alcuno
zo o esitazione.

45 lingue
disponibili in
catalogo

Altre lingue della collana
ASSiMiL evasioni

L'AMERICANO senza censura
L'ARABO MAROCCHINO in tasca
IL BRASILIANO in tasca
IL CINESE in tasca
IL FRANCESE in tasca
L'INGLESE in tasca per giramondo
L'INGLESE senza censura
IL NEERLANDESE in tasca
IL PORTOGHESE in tasca
IL ROMENO in tasca
LO SPAGNOLO in tasca
IL TEDESCO in tasca
IL WOLOF in tasca

Ed ora anche

Tenetevi aggiornati sulle novità disponibili in italiano consultando il nostro sito web

L'Inglese & L'Americano
senza censura

Oltre la lingua accademica, ogni lingua possiede un patrimonio immenso di modi di dire colloquiali e gergali che costituiscono il vero modo di comunicare della gente.

Utilizzato soprattutto dai giovani, questo linguaggio, spesso colorito, non può essere ignorato da chi desidera entrare veramente in contatto con essi.

Per questo motivo Assimil vi propone in questa stessa collana:

– **British Slang**
L'Inglese senza censura

– **American Slang**
L'Americano senza censura

lessici che vi proponiamo non vogliono essere esaustivi, ma oltre a quelle che avete incontrato nei vari paragrafi, troverete qui di seguito anche quelle parole che vi potrebbero essere utili durante un soggiorno in Gran Bretagna. Le traduzioni fornite rappresentano le accezioni più comuni.

(m.) = maschile; (f.) = femminile

INGLESE – ITALIANO

A		**advantage**	vantaggio
	un, una	**to afford**	permettersi
abortion	aborto	**after**	dopo
about	intorno, circa,	**afternoon**	pomeriggio
	riguardo a	**to agree**	acconsentire
above	sopra	**air sickness**	mal d'aria
abroad	all'estero	**airport**	aeroporto
absent	assente	**all**	tutto, tutti
to accelerate	accelerare	**allergy**	allergia
accident	incidente	**alone**	solo
accommodation	alloggio,	**already**	già
	sistemazione	**although**	benché, anche se
to accompany	accompagnare	**amber**	ambra
account	conto	**ambulance**	ambulanza
accusation	accusa	**amount**	ammontare,
acquaintance	conoscenza		somma
actor	attore	**anchor**	àncora
actress	attrice	**and**	e
address	indirizzo	**angry**	arrabbiato
addressee	destinatario	**animal**	animale
admission	ammissione	**ankle**	caviglia

to annoy	annoiare	banana	banana
anorak	giacca a vento	bandage	benda
to answer	rispondere	bank	banca
ant	formica	basin	catino, bacino, bacinella
to apologize	scusarsi		
appendix	appendice	basket	cesto, canestro
apple	mela	bath	bagno
appointment	appuntamento	bathroom	(stanza da) bagno
apricot	albicocca	battery	pila, batteria
appropriate	appropriato, adatto	to be	essere
April	aprile	beach	spiaggia
area	area, superficie	bean	fagiolo
arm	braccio	to become	diventare
around	attorno, attorno a	bed	letto
arrival	arrivo	bed and breakfast	pensione, albergo a gestione familiare
to arrive	arrivare		
ashtray	portacenere		
to ask	chiedere	beef	manzo (carne)
at once	immediatamente, subito	to beep	suonare il clacson
		beer	birra
at, to	a, in	before	prima
to attach	attaccare, allegare	beggar	mendicante
attack	attacco	to behave	comportarsi
attention	attenzione	bell	campanello, campana
August	agosto		
aunt	zia	belt	cintura
autumn	autunno	better	meglio
available	disponibile	bicycle	bicicletta
avocado	avocado	big	grande, grosso
to avoid	evitare	bill	conto (ristorante)
		binoculars	binocolo
B		bird	uccello
baby	bambino, bimbo	birth	nascita
back	schiena; indietro; di ritorno	birthday	compleanno
		bitter	amaro
bacon	pancetta affumicata	black	nero
bad	cattivo	blackbird	merlo
badger	tasso (animale)	blackcurrant	ribes nero
bag	borsa	bladder	vescica
baggage	bagaglio, bagagli	blood	sangue
baked	cotto (al forno)	blood pressure	pressione del sang
baker	fornaio, panettiere	blouse	camicetta
bakery	forno, panificio	to blow	soffiare
ball point pen	penna a sfera	blue	blu

blueberry	mora
board and lodging	vitto e alloggio
boat	nave
boiled	bollito, lesso
bone	osso
book	libro
bookshop	libreria
border	frontiera
boring	noioso
to borrow	prendere in prestito
boss	capo
bottle	bottiglia
bowl	ciotola
box	scatola
boy	ragazzo
brain	cervello
brake	freno
bread	pane
to break	rompere
breakdown	panne, guasto
breakdown service	soccorso stradale
breakfast	colazione
breast	petto
to breathe	respirare
bridge	ponte
to bring	portare
bronchitis	bronchite
brother	fratello
brush	spazzola
bulb	lampadina
to burn	bruciare
burning	bruciante, scottante
bus	autobus
bus stop	fermata dell'autobus
busy	occupato
but	ma
butcher	macellaio
butter	burro
butterfly	farfalla

to buy	comprare
C	
cabbage	cavolo
cabin	cabina
cake	dolce
to call	chiamare
camcorder	videocamera
camera	macchina fotografica
camp site	campeggio, camping
can (verbo modale)	potere
to cancel	annullare, cancellare
capital	capitale
car	auto
car park	parcheggio
caravan	roulotte
careful	prudente, attento
carpet	tappeto
carrot	carota
cash	contanti / denaro liquido
castle	castello
cat	gatto
to catch	prendere
catholic	cattolico
cauliflower	cavolfiore
cave	caverna, grotta
cellar	cantina
century	secolo
chair	sedia
change	resto, spiccioli
to change	cambiare
to charge	caricare (batteria)
cheap	poco costoso
cheap rate	basso prezzo
to check	verificare, controllare
cheese	formaggio
chef	chef, capocuoco

cherry	ciliegia	contagious	contagioso
chestnut	castagna	contraceptive	contraccettivo
chicken	pollo	to contradict	contraddire
child, children	bambino, bambini	to contribute	contribuire
chilly	freddo	conversation	conversazione
china	porcellana	cook	cuoco
chips	patatine	to cook	cucinare
chive	erba cipollina	cool	fresco
chocolate	cioccolato	corkscrew	cavatappi
choice	scelta	to cost	costare
chop	braciola	cotton	cotone
Christmas	Natale	to cough	tossire
church	chiesa	to count	contare
cigar	sigaro	counter	sportello, banco
cigarette	sigaretta	countryside	campagna
cinema	cinema	cow	mucca
cinnamon	cannella	cranberry	mirtillo
clam	vongola	cream	panna, crema
clear	chiaro	crossing	passaggio, traversata
climate	clima		
cloakroom	guardaroba	crossroads	incrocio
clock	orologio	to cry	piangere
cloud	nuvola	cucumber	cetriolo
club	locale notturno	to cure	guarire
clutch	frizione	currency	moneta, valuta
coach	pullman	customs	dogana
coast	costa	to cut	tagliare
coat	cappotto	cutlery	posate
coat hanger	attaccapanni		
cobbler	calzolaio	**D**	
coffee	caffè	daily	quotidiano
coin	moneta	to dance	ballare
cold	freddo	danger	pericolo
collar bone	clavicola	dark	scuro
colour	colore	date	data
to come	venire	date of birth	data di nascita
come in!	entri!, entra!	daughter	figlia
comfortable	comodo	day	giorno
concussion	trauma	December	dicembre
connection	connessione	to declare	dichiarare
constant	costante	to delay	ritardare
consulate	consolato	dentist	dentista
to consume	consumare	denture	dentiera
contact lenses	lenti a contatto	to deny	negare, rinnega

department store	grandi magazzini	**earthquake**	terremoto
		to eat	mangiare
departure	partenza	**egg**	uovo
deposit	cauzione	**elbow**	gomito
desperate	disperato	**electricity**	elettricità
dessert	dessert	**embassy**	ambasciata
destination	destinazione	**emergency**	emergenza
determination	determinazione	**emergency alarm**	segnale d'allarme
diabetic	diabetico		
to dial	comporre (un numero)	**emergency exit**	uscita di sicurezza
		engaged (to be ~)	fidanzato (essere ~)
diarrhoea	diarrea		
to die	morire	**engine**	motore
diesel	gasolio	**enough**	abbastanza
to dig	scavare	**entry**	entrata
direction	direzione	**evening**	sera
disinfectant	disinfettante	**examination**	esame
dislike of	antipatia per	**excellent**	eccellente
district	regione, distretto	**exchange**	cambio
to disturb	disturbare	**exchange rate**	tasso di cambio
to dive	tuffarsi	**excursion**	escursione, gita
to divorce	divorziare	**exit**	uscita
to do	fare	**expensive**	caro
doctor	dottore, medico	**express train**	treno espresso
dog	cane		
donkey	asino	**F**	
door	porta	**face**	faccia
door handle	maniglia	**failure**	insuccesso
double room	camera doppia	**faint**	svenimento
dozen	dozzina	**to fall**	cadere
dress	abito da donna	**family**	famiglia
drink	bevanda, bibita	**far (from)**	lontano (da)
to drink	bere	**farmer**	agricoltore
driving licence	patente di guida	**fat**	grasso
drug	farmaco; droga	**father**	padre
dry	secco, asciutto	**February**	febbraio
to dry	asciugare	**to feel**	sentire, sentirsi
dry cleaner	lavanderia a secco	**ferry**	traghetto
duck	anatra	**fever**	febbre
duration	durata	**fig**	fico
duty	dovere, imposta,	**film**	film
		fine	multa
		finger	dito
E		**first**	primo
to earn	guadagnare		

first name	nome	gift	regalo
fish	pesce	to give	dare
to fish	pescare	girl	ragazza
fishing licence	licenza di pesca	gland	ghiandola
flag	bandiera	glass	bicchiere
flat	appartamento	glasses	occhiali
flight	volo	glove	guanto
floor	piano, pavimento	glue	colla
flour	farina	to go	andare
flower	fiore	goat	capra
flu	influenza	good	buono
fly	mosca	goods	merci
to fly	volare	gooseberry	uva spina
to follow	seguire	government	governo
food poisoning	intossicazione alimentare	grandfather	nonno
		grandmother	nonna
foot, feet	piede, piedi	grape	uva
foreigner	straniero	grass	erba
forest	foresta	greasy	grasso, oleoso
fork	forchetta	great	grande
form	modulo	green	verde
fountain	fontana	grey	grigio
fox	volpe	grilled	alla griglia
fracture	frattura	grocer	droghiere
free	libero, gratis	grocery store	drogheria
freedom	libertà	to grow	crescere, coltivar
French	francese	to grow up	crescere, diventa adulto
frequency	frequenza		
fresh	fresco	guide	guida
Friday	venerdì	guilt	colpa
fried	fritto	guilty	colpevole
friend	amico		

H

frog	rana	habit	abitudine
full	pieno	hail	grandine
full board	pensione completa	hair	capello, capelli

G

		hair dryer	asciugacapelli
game	gioco, selvaggina	hairdresser	parrucchiere
garden	giardino	half	metà
garlic	aglio	ham	prosciutto
gear (box)	velocità (cambio di)	hand	mano
to get off	andarsene, scendere	handbag	borsa
		to happen	accadere, succedere
giant	gigante		

harbour	porto
hard	duro
hat	cappello
hatred	odio
to have	avere
to have to	dovere
he	lui, egli
head	testa
heart	cuore
heat	calore, caldo
helpful	utile
herbs	erbe aromatiche
here	qui
high tide	alta marea
history	storia
to hold	tenere, considerare
holiday	vacanza
honey	miele
horse	cavallo
hospital	ospedale
hot	caldo
hotel	albergo
hour	ora
house	casa
how	come
how many	quanti
how much	quanto
to hurt	ferire
husband	marito

I	io
ice	ghiaccio
ice-cream	gelato
ice cube	cubetto di ghiaccio
identity card	carta d'identità
illness	malattia
to illuminate	illuminare
impatience	impazienza
to improve	migliorare
in	in
in love	innamorato
included	incluso, compreso
independent	indipendente

indicator	indicatore di direzione
indifferent	indifferente
inflammation	infiammazione
information	informazione
injection	iniezione
injury	ferita
injustice	ingiustizia
inn	locanda, ostello
innocent	innocente
inside	dentro (a)
insult	insulto
insurance	assicurazione
insured	assicurato
intentionally	intenzionalmente
investigation	indagine
island	isola
Italian	italiano
Italy	Italia
to itch	prudere

J

jacket	giacca
jam	marmellata
January	gennaio
jaw	mascella
jeweller	gioielliere
jewellery	gioielleria
joke	scherzo, battuta
to joke	scherzare
journey	viaggio
juice	succo
July	luglio
June	giugno

K

to keep	tenere, gestire
key	chiave
kidney	rene, rognone
kilometre	chilometro
king	re
kingdom	regno
kiss	bacio
to kiss	baciare
knee	ginocchio

knife	coltello	lorry	camion
		to lose	perdere
L		lost property office	ufficio oggetti smarriti
label	etichetta	lounge	salotto
lace	merletto	love	amore
lady	signora	low tide	bassa marea
lake	lago	lunch	pranzo
lamb	agnello	lung	polmone
lamp	lampada		
to land	atterrare	**M**	
large	grande		
last	ultimo	maiden name	cognome da nubil·
late	tardi, in ritardo	man, men	uomo, uomini
later	più tardi	map	mappa, piantina
lawyer	avvocato	March	marzo
laxative	lassativo	marmelade	marmellata d'arance
to lead	condurre	match	partita, fiammifer●
lean	magro (carne)	mattress	materasso
to learn	imparare	May	maggio
to leave	lasciare	maybe	forse
left	sinistra	meal	pasto
leg	gamba	meat	carne
lemon	limone	mechanic	meccanico
letter	lettera	medicine	medicina
lettuce	lattuga	midwife	levatrice
life	vita	mild	leggero, blando
lifeboat	battello di salvataggio	milk	latte
		minced	macinato
lifejacket	giubbotto di salvataggio	mineral water	acqua minerale
lift	ascensore	minute	minuto
lifting jack	cric	mirror	specchio
light	luce	misery	sofferenza
lighthouse	faro	to miss	mancare
to like	amare, gradire	to mix	mischiare
lilo	materassino	mobile	telefonino
lip	labbro	moist	umido
little	piccolo, poco	moment	momento
to live	vivere	Monday	lunedì
liver	fegato	money	denaro, soldi
lobster	aragosta	month	mese
lock	serratura	monthly	mensile
long	lungo	mood	umore
long distance call	interurbana	moon	luna

more	più, di più	October	ottobre
morning	mattino	office	ufficio
mosque	moschea	often	spesso, sovente
mother	madre	oil	olio
motorway	autostrada	ointment	pomata
mountain	montagna	old	vecchio
moustache	baffi	old fashioned	fuori moda
mouth	bocca	on purpose	apposta
murder	omicidio	on time	puntuale
murderer	assassino	on top, above	in cima, sopra
muscle	muscolo	opinion	opinione, parere
museum	museo	optician	ottico
mushroom	fungo	or	o
musical	commedia musicale, musical	our	nostro
		outside	fuori (da)
mustard	senape	overcast sky	cielo coperto
		to overtake	superare, sorpassare
N		to own	possedere
name	nome	owner	proprietario
napkin	tovagliolo	ox	bue
narrow	stretto		
nausea	nausea	P	
near	vicino (avverbio)		
neck	collo	packed lunch	colazione al sacco
neighbour	vicino	pain	dolore
nervous	nervoso	pair	paio
new	nuovo	palace	palazzo
newspaper	giornale	pan	pentola
next	prossimo	paralysis	paralisi
nice	bello, simpatico	parcel	pacco
night	notte	to park	parcheggiare
night duty	turno di notte	parking meter	parchimetro
no	no, nessuno	parsley	prezzemolo
noise	rumore	passenger	passeggero
nose	naso	past	passato
not	non	pastime	passatempo
nothing	niente	pastry	dolci, paste
November	novembre	path	sentiero
now	ora, adesso	patient	paziente
number	numero	pavement	marciapiede
nurse	infermiera	to pay	pagare
nut	noce	peach	pesca (frutto)
		peanut	arachide
ocean	oceano	pear	pera

pedestrian	pedone
pen	penna
pencil	matita
people	gente, popolo
pepper	pepe, peperone
perfume	profumo
period	periodo; mestruazioni
petrol	benzina
pharmacy	farmacia
phone box	cabina telefonica
photograph	fotografia
piece	pezzo
pig	maiale
pillow	cuscino
pineapple	ananas
pink	rosa (colore)
place	posto, luogo
plane	aereo
plant	pianta
plastic	plastica
plate	piatto (cucina)
platform	binario
to play	giocare; suonare
police	polizia
police(-wo-)man	poliziotto (-a)
police station	commissariato di polizia
poor	povero
pond	stagno, laghetto
population	popolazione
pork	carne di maiale
postcard	cartolina
post office	ufficio postale
postage	affrancatura
potato	patata
power	potere, potenza
precious	prezioso
to prefer	preferire
pregnant	incinta
preparation	preparazione
prescription	ricetta medica
present	presente (tempo), regalo

pressure	pressione
to pretend	fingere
to prevent	evitare
price	prezzo
priest	prete
primitive	primitivo
probably	probabilmente
progress	progresso
prohibited	vietato
proof	prova
property	proprietà
proposal	proposta
public conveniences	bagni pubblici
to pull	tirare
punishment	punizione
purse	portamonete
pyjamas	pigiama

Q

quarrel	litigio
queen	regina
question	domanda, questione
quick	rapido, veloce
quiet	calmo, silenzioso

R

rabbit	coniglio
radio	radio
rain	pioggia
to rain	piovere
raincoat	impermeabile
to rape	violentare
rare	raro
raspberry	lampone
rather	piuttosto
razor	rasoio
razor blade	lametta da barba
to read	leggere
reasonable	ragionevole
receiver	ricevitore (telefor
to recommend	raccomandare
red	rosso

o reduce	ridurre	to say	dire
eduction	riduzione, ribasso	school	scuola
efreshments	rinfresco	scissors	forbici
egistered letter	raccomandata	scrambled egg	uova strapazzate
egistration	registrazione	screw	vite (meccanica)
egulation	regolamento	screwdriver	cacciavite
eligion	religione	sea	mare
o rent	affittare, noleggiare	season	stagione
o repair	riparare	seat	sedile, posto
o repeat	ripetere	seat belt	cintura di
o report	riferire		sicurezza
eservation	prenotazione	security	sicurezza
eserved	prenotato	to see	vedere
o resist	resistere	to sell	vendere
esponsible	responsabile	sensitive	sensibile
esult	risultato	September	settembre
o return	tornare, restituire	serious	serio
eturn ticket	biglietto di andata	shallow	superficiale, poco
	e ritorno		profondo
ice	riso	shape	forma
ight	destro, giusto	she	lei
ing	anello	sheet	lenzuolo
o ring	squillare; telefonare	shiny	brillante
pe	maturo	ship	nave
ver	fiume	shirt	camicia
ad	strada	shivers	brividi
ad sign	segnale stradale	shoe	scarpa
ast	arrosto	shop	negozio
asted	abbrustolito	shop assistant	commesso
roll	rotolare, scorrere	shoulder	spalla
bber dinghy	gommone	shower	doccia
ruin	rovinare	shrimp	gamberetto
		shy	timido
		sick	ammalato
fety belt	cintura di	to sign	firmare
	sicurezza	signature	firma
fety pin	spilla da balia	silk	seta
lad	insalata	silver	argento
lmon	salmone	single	celibe
lt	sale	single room	camera singola
nd	sabbia	sister	sorella
turday	sabato	size	taglia
una	sauna	skull	cranio
voury	saporito, gustoso	to sleep	dormire

to smell	odorare, sapere (di)	steel	acciaio
slice	fetta	steep	ripido
slipper	pantofola	steering wheel	volante
slow	lento	to stew	cuocere in umido
slowly	lentamente	stomach	stomaco
to smoke	fumare	stone	pietra, sasso
snake	serpente	stopover	scalo
snow	neve	stormy	tempestoso
soap	sapone	straight on	sempre dritto
society	società	strange	strano
sock	calzino	strawberry	fragola
socket	presa di corrente	street	via, strada
son	figlio	strict	rigoroso, stretto
soon	presto	string	spago
sore throat	mal di gola	student	studente,
sorry	scusi		studentessa
soup	minestra	to stroke	accarezzare
sour	acido (aggettivo)	stuffed	imbottito, farcito
spare part	pezzo di ricambio	substantial	solido,
sparrow	passero		sostanziale
to speak	parlare	suburb	sobborgo
speed limit	limite di velocità	sufficient	sufficiente
to spell	compitare	sugar	zucchero
to spend	spendere,	suitcase	valigia
	trascorrere	summer	estate
spice	spezie	summit	vertice
spider	ragno	sunburn	scottatura
spinach	spinaci	Sunday	domenica
spleen	malumore, milza	supplement	supplemento
spoon	cucchiaio	sure	sicuro
spring	primavera, balzo,	surgery	chirurgia
	sorgente	surname	cognome
squirrel	scoiattolo	sweet	dolce, caramella
stain	macchia	to swim	nuotare
stamp	francobollo	swimsuit	costume da bagn
star	stella	swollen	gonfio
to start	cominciare,		
	partire	T	
starter	primo piatto	table	tavolo
starving	affamato	tablecloth	tovaglia
station	stazione	tablet	compressa
stationer's shop	cartoleria	to take	prendere
to steal	rubare	to take off	decollare
steamed	a vapore	talkative	ciarliero

tap	rubinetto	toe	dito (del piede)
tap water	acqua del rubinetto	toilet	toilette
task	compito	toilet paper	carta igienica
taste	gusto	tomorrow	domani
to taste	assaggiare, sapere di	tongue	lingua
		tonsils	tonsille
tea	tè	tool	utensile, strumento
telephone	telefono	tooth, teeth	dente, denti
to telephone	telefonare	toothbrush	spazzolino da denti
telephone directory	elenco telefonico	toothpaste	dentifricio
television	televisione	torch	lampadina tascabile
temperature	temperatura		
tender	tenero	to touch	toccare
tent	tenda	tour	gita, giro
terrible	terribile	tourist	turista
thank you	grazie	to tow	rimorchiare
that	questo; che	towards	verso, nei confronti di
the	il, lo, la, l', i, gli, le		
the day after tomorrow	dopodomani	towel	asciugamano
		tower	torre
the day before yesterday	l'altro ieri	town	città
		town centre	centro città
theatre	teatro	town hall	municipio
there	là	toy	giocattolo
they	loro	traffic	traffico
thick	spesso (grosso)	traffic lights	semaforo
thief	ladro	train	treno
thigh	coscia	tranquilliser	tranquillante
thin	magro	to translate	tradurre
thing	cosa	translation	traduzione
this	questo	to travel	viaggiare
throat	gola	travel agent	agenzia di viaggi
thumb	pollice	treatment	terapia
Thursday	giovedì	tree	albero
ticket	biglietto	trip	viaggio, gita
to tidy	mettere in ordine	trousers	pantaloni
tie	cravatta	trust	fiducia
tights	collant	Tuesday	martedì
timetable	orario	turkey	tacchino
tin opener	apriscatole	to turn	girare
tip	mancia		
tobacconist	tabaccaio	**U**	
today	oggi	umbrella	ombrello

uncle	zio
unconscious	inconscio
under age	minorenne
Underground	metropolitana
underneath	sotto
to understand	capire

V

valid	valido
valley	valle
van	furgone
veal	vitello
vegetables	verdura
vegetarian	vegetariano
velvet	velluto
vinegar	aceto
visa	visto
visiting hours	orario di apertura
to vomit	vomitare

W

to wait	aspettare
waiter	cameriere
waitress	cameriera
to wake	svegliare
to wake up	svegliarsi
walk	passeggiata
to walk	camminare
wallet	portafoglio
to wash	lavare
water	acqua
waterfall	cascata
waterproof	a tenuta stagna
wave	onda
we	noi
Wednesday	mercoledì
week	settimana
week day	giorno della settimana
weekly	settimanale
weird	strambo
well being	benessere
well done	ben cotto
what	cosa, quale, quali
wheel	ruota

when	quando
where	dove
which	quale, quali
whipped cream	panna montata
white	bianco
who	chi, che
wife	moglie
to win	vincere
window	finestra
windscreen	parabrezza
wing	ala
winter	inverno
wire	cavo
with	con
within	dentro
without	senza
witness	testimone
woman, women	donna, donne
wonderful	meraviglioso
wool	lana
to work	lavorare, funzionare
work	lavoro
working day	giorno feriale
to wrap up	avvolgere, incartare
to write	scrivere
wrong	sbagliato

X

x ray	radiografia

Y

year	anno
yellow	giallo
yes	sì
yesterday	ieri
you	tu, voi, Lei
young	giovane
youth hostel	ostello della gioventù

Z

zero	zero
zoo	zoo

ITALIANO – INGLESE

A

a	at, to
a tenuta stagna	waterproof
a vapore	steamed
abbastanza	enough
abbrustolito	roasted
abito da donna	dress
abitudine	habit
aborto	abortion
accadere	to happen
accarezzare	to stroke
accelerare	to accelerate
acciaio	steel
accompagnare	to accompany
acconsentire	to agree
accusa	accusation
aceto	vinegar
acido (aggettivo)	sour
acqua	water
acqua del rubinetto	tap water
acqua minerale	mineral water
adatto	appropriate
adesso	now
aereo	plane
aeroporto	airport
affamato	starving
affittare	to rent
affrancatura	postage
agenzia di viaggi	travel agent
aglio	garlic
agnello	lamb
agosto	August
agricoltore	farmer
ala	wing
albergo	hotel
albero	tree
albicocca	apricot
all'estero	abroad
alla griglia	grilled
allegare	to attach
allergia	allergy
alloggio	accommodation
alta marea	high tide
amare	to like
amaro	bitter
ambasciata	embassy
ambra	amber
ambulanza	ambulance
amico	friend
ammalato	sick
ammissione	admission
ammontare	amount
amore	love
ananas	pineapple
anatra	duck
àncora	anchor
ancora	still
andare	to go
andarsene	to get off
anello	ring
animale	animal
anno	year
annoiare	to annoy
annullare	to cancel
antipatia per	dislike of
appartamento	flat
appendice	appendix
apposta	on purpose
appropriato	appropriate
appuntamento	appointment
aprile	April
apriscatole	tin opener
arachide	peanut
aragosta	lobster
area	area
argento	silver
arrabbiato	angry
arrivare	to arrive
arrivo	arrival
arrosto	roast
ascensore	lift
asciugacapelli	hair dryer

asciugamano	towel	bandiera	flag
asciugare	to dry	bassa marea	low tide
asciutto	dry	basso prezzo	cheap rate
asino	donkey	battello di salvataggio	lifeboat
aspettare	to wait	batteria	battery
assaggiare	to taste	battuta	joke
assassino	murderer	bello	nice
assente	absent	ben cotto	well done
assicurato	insured	benché	although
assicurazione	insurance	benda	bandage
attaccapanni	coat hanger	benessere	well being
attaccare	to attach	benzina	petrol
attacco	attack	bere	to drink
attento	careful	bevanda	drink
attenzione	attention	bianco	white
atterrare	to land	bibita	drink
attore	actor	bicchiere	glass
attorno	around	bicicletta	bicycle
attrice	actress	biglietto	ticket
auto	car	biglietto di andata e ritorno	return ticket
autobus	bus		
autostrada	motorway	bimbo	baby
autunno	autumn	binario	platform
avere	to have	binocolo	binoculars
avocado	avocado	birra	beer
avvocato	lawyer	blando	mild
avvolgere	to wrap up	blu	blue
		bocca	mouth

B		bollito	boiled
baciare	to kiss	borsa	bag, handbag
bacinella	basin	bottiglia	bottle
bacino	basin	braccio	arm
bacio	kiss	braciola	chop
baffi	moustache	brillante	shiny
bagaglio, bagagli	baggage	brividi	shivers
bagni pubblici	public conveniences	bronchite	bronchitis
		bruciante	burning
bagno (stanza)	bath, bathroom	bruciare	to burn
ballare	to dance	bue	ox
balzo	spring	buono	good
bambino, bambini	child, children	burro	butter
banana	banana		

C			
banca	bank		
banco (negozio)	counter	cabina	cabin

cabina telefonica	phone box	carota	carrot
cacciagione	game	carta d'identità	identity card
cacciavite	screwdriver	carta igienica	toilet paper
cadere	to fall	cartoleria	stationer's shop
caffè	coffee	cartolina	postcard
caldo	heat, hot	casa	house
calmo	quiet	cascata	waterfall
calore	heat	castagna	chestnut
calzino	sock	castello	castle
calzolaio	cobbler	catino	basin
cambiare	to change	cattivo	bad
cambio	exchange	cattolico	catholic
cambio di velocità	gear box	cauzione	deposit
camera doppia	double room	cavallo	horse
camera singola	single room	cavatappi	corkscrew
cameriera	waitress	caverna	cave
cameriere	waiter	caviglia	ankle
camicetta	blouse	cavo	wire
camicia	shirt	cavolfiore	cauliflower
camion	lorry	cavolo	cabbage
camminare	to walk	celibe	single
campagna	countryside	centro città	town centre
campana	bell	cervello	brain
campanello	bell	cesto	basket
campeggio	camp site	cetriolo	cucumber
cancellare	to cancel	che	that (cose),
cane	dog		who (persone)
canestro	basket	che cosa	what
cannella	cinnamon	chef	chef
cantina	cellar	chi	who
capello	hair	chiamare	to call
capigliatura	hair	chiaro	clear
capire	to understand	chiave	key
capitale	capital	chiedere	to ask
capo	boss	chiesa	church
capocuoco	chef	chilometro	kilometre
cappello	hat	chirurgia	surgery
cappotto	coat	ciarliero	talkative
capra	goat	cielo coperto	overcast sky
caramella	sweet	ciliegia	cherry
caricare (batteria)	to charge	cinema	cinema
carne	meat	cintura	belt
carne di maiale	pork	cintura di	safety belt,
caro	expensive	sicurezza	seat belt

cioccolato	chocolate	conto (ristorante)	bill
ciotola	bowl	contraccettivo	contraceptive
circa	about	contraddire	to contradict
città	town	contribuire	to contribute
clavicola	collar bone	controllare	to check
clima	climate	conversazione	conversation
cognome	surname	cosa	thing
cognome da nubile	maiden name	coscia	thigh
colazione	breakfast	costa	coast
colazione al sacco	packed lunch	costante	constant
colla	glue	costare	to cost
collant	tights	costume da bagno	swimsuit
collo	neck	cotone	cotton
colore	colour	cotto (al forno)	baked
colpa	guilt	cranio	skull
colpevole	guilty	cravatta	tie
coltello	knife	crema	cream
coltivare	to grow	crescere	to grow (up)
come	how	cric	lifting jack
cominciare	to start	cubetto di ghiaccio	ice cube
commesso	shop assistant	cucchiaio	spoon
commissariato di polizia	police station	cucinare	to cook
		cuocere in umido	to stew
comodo	comfortable		
compitare	to spell	cuoco	cook
compito	task	cuore	heart
compleanno	birthday	cuscino	pillow
comporre (n°)	to dial	**D**	
comportarsi	to behave	dare	to give
comprare	to buy	data	date
compreso	included	data di nascita	date of birth
compressa	tablet	dazio	duty
con	with	decollare	to take off
condurre	to lead	denaro	money
coniglio	rabbit	denaro contante	cash
connessione	connection	dente, denti	tooth, teeth
conoscenza	acquaintance	dentiera	denture
considerare	to hold	dentifricio	toothpaste
consolato	consulate	dentista	dentist
consumare	to consume	dentro (a)	within, inside
contagioso	contagious	dessert	dessert
contare	to count	destinatario	addressee
conto (banca)	account	destinazione	destination

destro	**right**	egli	**he**
determinazione	**determination**	elenco	**telephone**
diabetico	**diabetic**	telefonico	**directory**
diarrea	**diarrhoea**	elettricità	**electricity**
dicembre	**December**	emergenza	**emergency**
dichiarare	**to declare**	entrata	**entry**
dire	**to say**	erba	**grass**
direzione	**direction**	erba cipollina	**chive**
disinfettante	**disinfectant**	erbe aromatiche	**herbs**
disperato	**desperate**	esame	**examination**
disponibile	**available**	escursione	**excursion**
distretto	**district**	essere	**to be**
disturbare	**to disturb**	estate	**summer**
dito	**finger**	etichetta	**label**
dito (del piede)	**toe**	evitare	**to avoid,**
diventare	**to become**		**to prevent**
divorziare	**to divorce**		
doccia	**shower**	**F**	
dogana	**customs**		
dolce	**cake** (nome),	faccia	**face**
	sweet (aggettivo)	fagiolo	**bean**
dolore	**pain**	famiglia	**family**
domanda	**question**	farcito	**stuffed**
domani	**tomorrow**	fare	**to do**
domenica	**Sunday**	farfalla	**butterfly**
donna, donne	**woman, women**	farina	**flour**
dopo	**after**	farmacia	**pharmacy**
dopodomani	**the day after**	farmaco	**drug**
	tomorrow	faro	**lighthouse**
dormire	**to sleep**	febbraio	**February**
dottore	**doctor**	febbre	**fever**
dove	**where**	fegato	**liver**
dovere	**to have to** (verbo),	ferire	**to hurt**
	duty (nome)	ferita	**injury**
dozzina	**dozen**	fermata dell'autobus	**bus stop**
droga	**drug**	fetta	**slice**
drogheria	**grocery store**	fiammifero	**match**
droghiere	**grocer**	fico	**fig**
durata	**duration**	fidanzato	**engaged**
duro	**hard**	fiducia	**trust**
		figlia	**daughter**
E		figlio	**son**
		film	**film**
e	**and**	fingere	**to pretend**
eccellente	**excellent**	finiestra	**window**

fiore	**flower**	ghiandola	**gland**
firma	**signature**	già	**already**
firmare	**to sign**	giacca	**jacket**
fiume	**river**	giacca a vento	**anorak**
fontana	**fountain**	giallo	**yellow**
forbici	**scissors**	giardino	**garden**
forchetta	**fork**	gigante	**giant**
foresta	**forest**	ginocchio	**knee**
forma	**shape**	giocare	**to play**
formaggio	**cheese**	giocattolo	**toy**
formica	**ant**	gioco	**game**
fornaio	**baker**	gioielleria	**jewellery**
forno	**bakery**	gioielliere	**jeweller**
forse	**maybe**	giornale	**newspaper**
fotografia	**photograph**	giorno	**day**
fragola	**strawberry**	giorno della	**week day**
francese	**French**	settimana	
francobollo	**stamp**	giorno feriale	**working day**
fratello	**brother**	giovane	**young**
frattura	**fracture**	giovedì	**Thursday**
freddo	**chilly, cold**	girare	**to turn**
freno	**brake**	giro	**tour**
frequenza	**frequency**	gita	**excursion, tour, trip**
fresco	**cool, fresh**		
fritto	**fried**	giubbotto di	**lifejacket**
frizione	**clutch**	salvataggio	
frontiera	**border**	giugno	**June**
fumare	**to smoke**	giusto	**right**
fungo	**mushroom**	gli	**the**
funzionare	**to work**	gola	**throat**
fuori (da)	**outside**	gomito	**elbow**
fuori moda	**old fashioned**	gommone	**rubber dinghy**
furgone	**van**	gonfio	**swollen**
G		governo	**government**
		gradire	**to like**
gamba	**leg**	grande	**big, great, large**
gamberetto	**shrimp**	grandi magazzini	**department store**
gasolio	**diesel**	grandine	**hail**
gatto	**cat**	grasso	**fat, greasy**
gelato	**ice-cream**	gratis	**free**
gennaio	**January**	grazie	**thank you**
gente	**people**	grigio	**grey**
gestire	**to keep**	grosso	**big**
ghiaccio	**ice**	grotta	**cave**

guadagnare	to earn	intenzionalmente	intentionally
guanto	glove	interurbana	long distance call
guardaroba	cloakroom	intorno	about
guarire	to cure	intossicazione	food poisoning
guasto	breakdown	alimentare	
guida	guide	inverno	winter
gusto	taste	io	I
gustoso	savoury	isola	island

I

i	the
ieri	yesterday
il	the
illuminare	to illuminate
imbottito	stuffed
immediatamente	at once
imparare	to learn
impazienza	impatience
impermeabile	raincoat
imposta	duty
in	in, at, to
in ritardo	late
incartare	to wrap up
incidente	accident
incinta	pregnant
incluso	included
inconscio	unconscious
incrocio	crossroads
indagine	investigation
indietro	back
indifferente	indifferent
indipendente	independent
indirizzo	address
infermiera	nurse
infiammazione	inflammation
influenza	flu
informazione	information
ingiustizia	injustice
iniezione	injection
innamorato	in love
innocente	innocent
insalata	salad
insuccesso	failure
insulto	insult

L

l'	the
l'altro ieri	the day before yesterday
la	the
là	there
labbro	lip
ladro	thief
laghetto	pond
lago	lake
lametta da barba	razor blade
lampada	lamp
lampadina	bulb
lampadina tascabile	torch
lampone	raspberry
lana	wool
lasciare	to leave
lassativo	laxative
latte	milk
lattuga	lettuce
lavanderia a secco	dry cleaner
lavare	to wash
lavorare	to work
lavoro	work
leggere	to read
leggero	mild
lei	she
Lei	you
lentamente	slowly
lenti a contatto	contact lenses
lento	slow
lenzuolo	sheet
lesso	boiled

lettera	letter	maniglia	door handle
letto	bed	mano	hand
levatrice	midwife	manzo (carne)	beef
libero	free	mappa	map
libertà	freedom	marciapiede	pavement
libreria	bookshop	mare	sea
libro	book	marito	husband
licenza di pesca	fishing licence	marmellata	jam
limite di velocità	speed limit	martedì	Tuesday
limone	lemon	marzo	March
lingua	tongue	mascella	jaw
litigio	quarrel	materassino	lilo
lo	the	materasso	mattress
locale notturno	club	matita	pencil
locanda, ostello	inn	mattino	morning
lontano (da)	far (from)	maturo	ripe
loro	they	meccanico	mechanic
luce	light	medicina	medicine
luglio	July	medico	doctor
lui	he	meglio	better
luna	moon	mela	apple
lunedì	Monday	mendicante	beggar
lungo	long	mensile	monthly
luogo	place	meraviglioso	wonderful
		merci	goods
M		mercoledì	Wednesday
		merletto	lace
ma	but	merlo	blackbird
macchia	stain	mese	month
macchina fotografica	camera	mestruazioni	period
		metà	half
macellaio	butcher	metropolitana	Underground
macinato	minced	mettere in ordine	to tidy
madre	mother	miele	honey
maggio	May	migliorare	to improve
magro	thin	milza	spleen
magro (carne)	lean	minestra	soup
maiale	pig	minorenne	under age
mal d'aria	air sickness	minuto	minute
mal di gola	sore throat	mirtillo	cranberry
malattia	illness	mischiare	to mix
malumore	spleen	modulo	form
mancare	to miss	moglie	wife
mancia	tip	momento	moment
mangiare	to eat		

moneta	**coin, currency**	occhiali	**glasses**
montagna	**mountain**	occupato	**busy**
mora	**blueberry**	oceano	**ocean**
morire	**to die**	odio	**hatred**
mosca	**fly**	odorare	**to smell**
moschea	**mosque**	oggi	**today**
motore	**engine**	oleoso	**greasy**
mucca	**cow**	olio	**oil**
multa	**fine**	ombrello	**umbrella**
municipio	**town hall**	omicidio	**murder**
muscolo	**muscle**	onda	**wave**
museo	**museum**	opinione	**opinion**
musical	**musical**	ora	**hour** (nome),
			now (avverbio)

N

nascita	**birth**	orario	**timetable**
naso	**nose**	orario di apertura	**visiting hours**
Natale	**Christmas**	orologio	**clock**
nausea	**nausea**	ospedale	**hospital**
nave	**boat, ship**	osso	**bone**
negare	**to deny**	ostello della	**youth**
negozio	**shop**	gioventù	**hostel**
nero	**black**	ottico	**optician**
nervoso	**nervous**	ottobre	**October**
neve	**snow**		

P

niente	**nothing**	pacco	**parcel**
no	**no**	padre	**father**
noce	**nut**	pagare	**to pay**
noi	**we**	paio	**pair**
noioso	**boring**	palazzo	**palace**
noleggiare	**to rent**	pane	**bread**
nome	**name**	panettiere	**baker**
non	**not**	panificio	**bakery**
nonna	**grandmother**	panna	**cream**
nonno	**grandfather**	panna montata	**whipped cream**
nostro	**our**	panne	**breakdown**
notte	**night**	pantaloni	**trousers**
novembre	**November**	pantofola	**slipper**
numero	**number**	parabrezza	**windscreen**
nuotare	**to swim**	paralisi	**paralysis**
nuovo	**new**	parcheggiare	**to park**
nuvola	**cloud**	parcheggio	**car park**
		parchimetro	**parking meter**
		parere (giudizio)	**opinion**

O

o	**or**

parlare	to speak	piccolo	little
parrucchiere	hairdresser	piede, piedi	foot, feet
partenza	departure	pieno	full
partire	to start	pietra	stone
partita	match	pigiama	pyjamas
passaggio	crossing	pila	battery
passatempo	pastime	pioggia	rain
passato	past	piovere	to rain
passeggero	passenger	più	more
passeggiata	walk	più tardi	later
passero	sparrow	piuttosto	rather
paste	pastry	plastica	plastic
pasto	meal	poco	little
patata	potato	poco costoso	cheap
patatine	chips	polizia	police
patente di guida	driving licence	poliziotto (-a)	police(-wo)man
pavimento	floor	pollice	thumb
paziente	patient	pollo	chicken
pedone	pedestrian	polmone	lung
penna	pen	pomata	ointment
penna a sfera	ball point pen	pomeriggio	afternoon
pensione a	bed and	ponte	bridge
gestione familiare	breakfast	popolazione	population
pensione completa	full board	popolo	people
pentola	pan	porcellana	china
pepe	pepper	porta	door
peperone	pepper	portacenere	ashtray
pera	pear	portafoglio	wallet
perdere	to lose	portamonete	purse
pericolo	danger	portare	to bring
periodo	period	porto	harbour
permettersi	to afford	posate	cutlery
pesca (frutto)	peach	possedere	to own
pescare	to fish	posto	place (luogo),
pesce	fish		seat (sedile)
petto	breast		
pezzo	piece	potenza	power
pezzo di	spare part	potere	power (nome),
ricambio			can (verbo)
piangere	to cry	povero	poor
piano	floor	pranzo	lunch
pianta	plant	preferire	to prefer
piantina	map	prendere	to take, to catch
piatto (cucina)	plate	prendere in	to borrow
		prestito	

prenotato	reserved	raccomandata	registered letter
prenotazione	reservation	radio	radio
preparazione	preparation	radiografia	x ray
presa di corrente	socket	ragazza	girl
presente	present	ragazzo	boy
pressione	pressure	ragionevole	reasonable
pressione del sangue	blood pressure	ragno	spider
presto	soon	rana	frog
prete	priest	rapido	quick
prezioso	precious	raro	rare
prezzemolo	parsley	rasoio	razor
prezzo	price	re	king
prima	before	regalo	gift, present
primavera	spring	regina	queen
primitivo	primitive	regione	district
primo	first	registrazione	registration
primo piatto	starter	regno	kingdom
probabilmente	probably	regolamento	regulation
profumo	perfume	religione	religion
progresso	progress	rene	kidney
proposta	proposal	resistere	to resist
proprietà	property	respirare	to breathe
proprietario	owner	responsabile	responsible
prosciutto	ham	restituire	to return
prossimo	next	resto	change
prova	proof	ribasso	reduction
prudente	careful	ribes nero	blackcurrant
prudere	to itch	ricetta	recipe
pullman	coach	ricetta medica	prescription
punizione	punishment	ricevitore	receiver
puntuale	on time	(telefono)	
		ridurre	to reduce
Q		riduzione	reduction
quale/-i	what, which	riferire	to report
quando	when	rigoroso	strict
quanti	how many	rimorchiare	to tow
quanto	how much	rinfresco	refreshments
quello	that	riparare	to repair
questione	question	ripetere	to repeat
questo	this	ripido	steep
qui	here	riso	rice
quotidiano	daily	rispondere	to answer
		risultato	result
R		ritardare	to delay
raccomandare	to recommend		

rognone	kidney	sedia	chair
rompere	to break	sedile	seat
rosa (colore)	pink	segnale d'allarme	emergency alarm
rosso	red	segnale stradale	road sign
rotolare	to roll	seguire	to follow
roulotte	caravan	semaforo	traffic lights
rovinare	to ruin	sempre dritto	straight on
rubare	to steal	senape	mustard
rubinetto	tap	sensibile	sensitive
rumore	noise	sentiero	path
ruota	wheel	sentire	to feel
		sentirsi	to feel
S		senza	without
		sera	evening
sabato	Saturday	serio	serious
sabbia	sand	serpente	snake
sale	salt	serratura	lock
salmone	salmon	seta	silk
salotto	lounge	settembre	September
sangue	blood	settimana	week
sapone	soap	settimanale	weekly
saporito	savoury	sì	yes
sasso	stone	sicurezza	security
sauna	sauna	sicuro	sure
sbagliato	wrong	sigaretta	cigarette
scalo	stopover	sigaro	cigar
scarpa	shoe	signora	lady
scatola	box	silenzioso	quiet
scavare	to dig	simpatico	nice
scelta	choice	sinistra	left
scendere	to get off	sistemazione	accommodation
scherzare	to joke	sobborgo	suburb
scherzo	joke	soccorso	breakdown
schiena	back	stradale	service
scoiattolo	squirrel	società	society
scorrere	to roll	sofferenza	misery
scottante	burning	soffiare	to blow
scottatura	sunburn	soldi	money
scrivere	to write	solido	substantial
scuola	school	solo	alone
scuro	dark	somma	amount
scusarsi	to apologize	sopra	above, on top
scusi	sorry	sorella	sister
secco	dry	sorgente	spring
secolo	century		

sorpassare	to overtake	svegliare	to wake
sostanziale	substantial	svegliarsi	to wake up
sotto	underneath	svenimento	faint
sovente	often	Svizzera	Switzerland
spago	string	svizzero	Swiss
spalla	shoulder		
spazzola	brush	**T**	
spazzolino da denti	toothbrush	tabaccaio	tobacconist
specchio	mirror	tacchino	turkey
spendere	to spend	taglia	size
spesso	often (avverbio), thick (aggettivo)	tagliare	to cut
		tappeto	carpet
		tardi	late
spezie	spice	tasso (animale)	badger
spiaggia	beach	tasso di cambio	exchange rate
spiccioli	change	tavolo	table
spilla da balia	safety pin	tè	tea
spinaci	spinach	teatro	theatre
sportello	counter	telefonare	to ring, to telephone
squillare	to ring		
stagione	season	telefonino	mobile
stagno	pond	telefono	telephone
stazione	station	televisione	television
stella	star	temperatura	temperature
stomaco	stomach	tempestoso	stormy
storia	history	tenda	tent
strada	road, street	tenere	to hold, to keep
strambo	weird	tenero	tender
straniero	foreigner	terapia	treatment
strano	strange	terremoto	earthquake
stretto	narrow, strict	terribile	terrible
strumento	tool	testa	head
studente (-essa)	student	testimone	witness
subito	at once	timido	shy
succedere	to happen	tirare	to pull
succo	juice	toccare	to touch
sufficiente	sufficient	toilette	toilet
suonare	to play	tonsille	tonsils
suonare il clacson	to beep	tornare	to return
		torre	tower
superare	to overtake	tossire	to cough
superficiale	shallow	tovaglia	tablecloth
superficie	area	tovagliolo	napkin
supplemento	supplement	tradurre	to translate

traduzione	translation
traffico	traffic
traghetto	ferry
tranquillante	tranquilliser
trascorrere	to spend
trauma	concussion
traversata	crossing
treno	train
treno espresso	express train
tu	you
tuffarsi	to dive
turista	tourist
turno di notte	night duty
tutti	all, everybody
tutto	all

U

uccello	bird
ufficio	office
ufficio oggetti smarriti	lost property office
ufficio postale	post office
ultimo	last
umido	moist
umore	mood
un	a
una	a
uomo, uomini	man, men
uova strapazzate	scrambled egg
uovo	egg
uscita	exit
uscita di sicurezza	emergency exit
utensile	tool
utile	helpful
uva	grape
uva spina	gooseberry

V

vacanza	holiday
valido	valid
valigia	suitcase
valle	valley
valuta	currency
vantaggio	advantage

vecchio	old
vedere	to see
vegetariano	vegetarian
velluto	velvet
veloce	quick
vendere	to sell
venerdì	Friday
venire	to come
verde	green
verdura	vegetables
verificare	to check
verso	towards
vertice	summit
vescica	bladder
via	street
viaggiare	to travel
viaggio	trip, journey
vicino	near (avverbio)
vicino di casa	neighbour
videocamera	camcorder
vietato	prohibited
vincere	to win
violentare	to rape
visto	visa
vita	life
vite (meccanica)	screw
vitello	veal
vitto e alloggio	board and lodging
vivere	to live
voi	you
volante	steering wheel
volare	to fly
volo	flight
volpe	fox
vomitare	to vomit
vongola	clam

Z

zero	zero
zia	aunt
zio	uncle
zoo	zoo
zucchero	sugar

ELENCO DEI VERBI IRREGOLARI PIÙ COMUNI

Infinito	Simple past	Past Participle	Traduzione
be	was, were	been	*essere*
become	became	become	*diventare*
begin	began	begun	*cominciare*
bite	bit	bitten	*mordere*
bleed	bled	bled	*sanguinare*
break	broke	broken	*rompere*
bring	brought	brought	*portare*
build	built	built	*costruire*
burn	burnt	burnt	*bruciare*
buy	bought	bought	*comprare*
can	could	could	*potere*
choose	chose	chosen	*scegliere*
come	came	come	*venire*
cost	cost	cost	*costare*
cut	cut	cut	*tagliare*
do	did	done	*fare*
drink	drank	drunk	*bere*
drive	drove	driven	*guidare, condurre*
eat	ate	eaten	*mangiare*
fall	fell	fallen	*cadere*
feed	fed	fed	*nutrire*
feel	felt	felt	*sentire (provare)*
find	found	found	*trovare*
fly	flew	flown	*volare*
forget	forgot	forgotten	*dimenticare*
get	got	got	*ottenere*
give	gave	given	*dare*
go	went	gone	*andare*
grow	grew	grown	*crescere*

have	had	had	*avere*
hear	heard	heard	*sentire (udire)*
hit	hit	hit	*colpire*
hold	held	held	*tenere, considerare*
keep	kept	kept	*tenere, gestire*
know	knew	known	*sapere, conoscere*
learn	learnt	learnt	*imparare*
leave	left	left	*lasciare, partire*
lend	lent	lent	*prestare*
let	let	let	*lasciare (permettere), dare in affitto*
light	lit	lit	*accendere, illuminare*
lose	lost	lost	*perdere*
make	made	made	*fare*
may	might		*potere*
mean	meant	meant	*significare*
meet	met	met	*incontrare*
pay	paid	paid	*pagare*
put	put	put	*mettere*
read	read	read	*leggere*
ring	rang	rung	*suonare, telefonare*
run	ran	run	*correre*
say	said	said	*dire*
see	saw	saw	*vedere*
sell	sold	sold	*vendere*
send	sent	sent	*mandare*
show	showed	shown	*mostrare*
shut	shut	shut	*chiudere*
sit	sat	sat	*sedersi*
sleep	slept	slept	*dormire*
speak	spoke	spoken	*parlare*
spend	spent	spent	*spendere, passare*
steal	stole	stolen	*rubare*

swim	swam	swum	*nuotare*
take	took	taken	*prendere*
teach	taught	taught	*insegnare*
tell	told	told	*dire, raccontare*
think	thought	thought	*pensare*
understand	understood	understood	*capire*
wear	wore	worn	*indossare*
win	won	won	*vincere*
write	wrote	written	*scrivere*

Vincenzo Bona S.p.A.

Marzo 2008 – Stampato in Italia